KB274169

진리는 다르지 않다

인물로 읽는 한국사 5
**진리는 다르지 않다**

저자_ 이이화

1판 1쇄 인쇄_ 2008. 9. 22.
1판 1쇄 발행_ 2008. 9. 26.

발행처_ 김영사
발행인_ 박은주

등록번호_ 제406-2003-036호
등록일자_ 1979. 5. 17.

경기도 파주시 교하읍 문발리 출판단지 515-1  우편번호 413-756
마케팅부 031)955-3100 편집부 031)955-3250 팩시밀리 031)955-3111



값은 뒤표지에 있습니다.
ISBN 978-89-349-3155-3 04900
       978-89-349-2814-0 (세트)

독자의견 전화_ 031)955-3200
홈페이지_ http://www.gimmyoung.com
이메일_ bestbook@gimmyoung.com

좋은 독자가 좋은 책을 만듭니다.
김영사는 독자 여러분의 의견에 항상 귀 기울이고 있습니다.

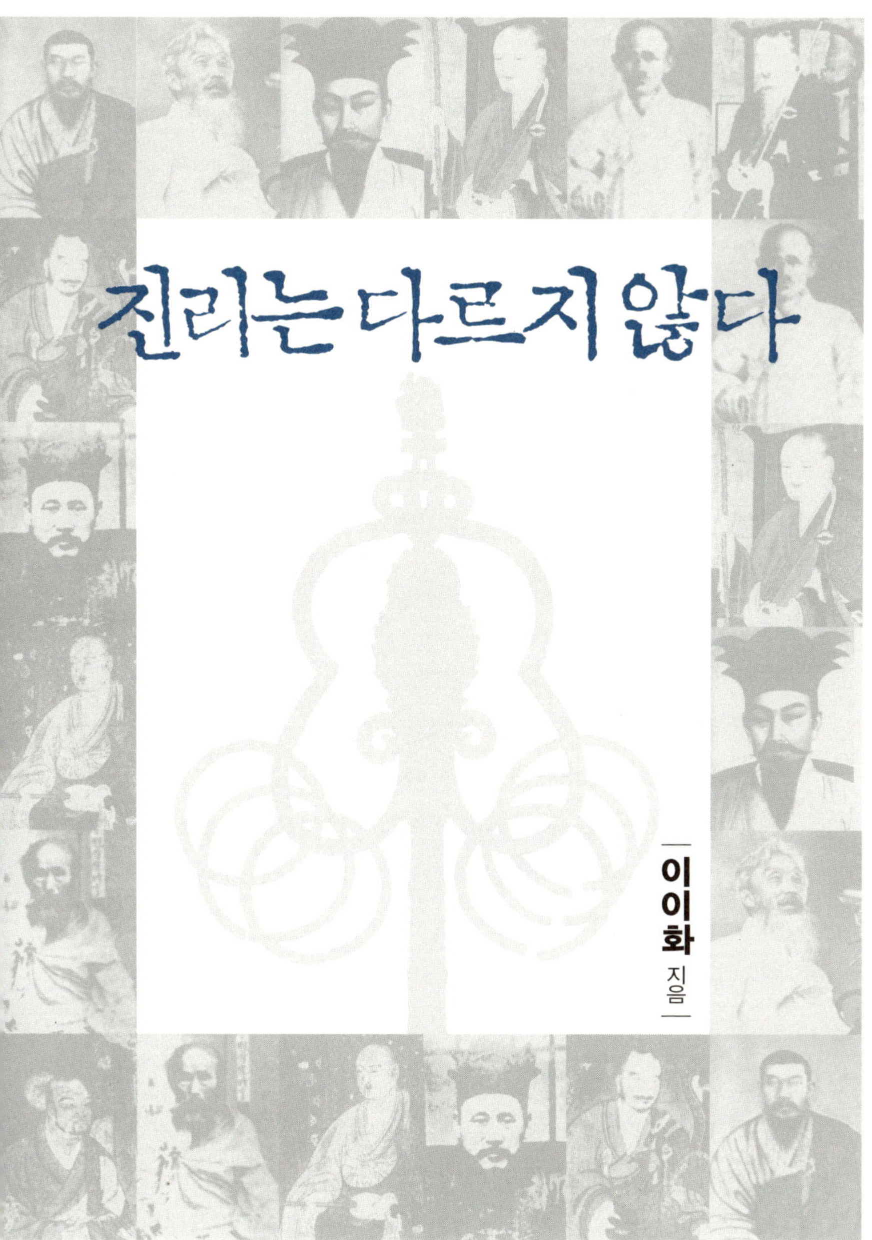

# 진리는 다르지 않다

이이화 지음

김영사

# 역사의 주역은 누구인가

역사인물의 발자취를 따라가는 일은 흥미롭고 재미있다. 그들을 통해 한 시대사의 흐름을 알 수 있고, 여러 유형의 인간이 어우러져 사는 모습도 들여다볼 수 있다. 그래서 인물로 읽는 역사책이 사건으로 이어진 역사책보다 더 흥미를 유발하는 것이다.

흔히 인물이 역사를 만들고 시대가 영웅을 낳는다고 한다. 어김없는 사실이다. 하지만 근대역사학에서는 이러한 생각을 비판적으로 본다. 역사의 주역을 어느 계층으로 보는가에 따라 평가가 달라지기도 하고, 누구를 위한 영웅인가에 따라 바라보는 눈이 달라질 수 있다는 것이다. 그리고 시대 상황에 따라 객관적 평가의 잣대는 얼마든지 달라질 수 있다.

필자는 한국사를 공부하면서 역사인물에 대한 탐구를 멈추지 않고 그들의 역할과 업적을 여러모로 따져보았다. 그리하여 역사 속 인물에 대한 평가에 절대적인 기준이 있는 것이 아니라는 점을 곱씹었다. 정말로 진실은 어디에도 없다. 어느 시대에는 아주 막돼먹은 인물로 치부되었더라도 시대적인 안목에 따라 평가 기준이 달라지기도 한다.

우리 역사의 경우에도 예외는 아니다. 왕조시대에는 체제에 순응하여 충신으로 추앙받았던 인물이 오늘날에 와서는 그 이면이 재조명되고 있는가 하면, 왕조시대에 역적으로 몰려 죽었으나 그의 저항이나 개혁의지가 오늘날에는 시대정신을 구현했다 해서 높이 평가받기도 한다. 충신으로 추앙받았던 성삼문, 역적으로 몰려 죽은 허균이 이 시대에도 여전히 충신, 역적일 수만은 없다는 뜻이다.

필자는 역사인물을 기술하면서 예전의 어떤 기준을 맹목적으로 따르지 않았다. 필자 나름의 가치판단에 따라 기술했다. 그에 따라 김방경, 정여립, 광해군, 강홍립, 정인홍, 허균, 장혼, 이필제, 전봉준 등 재조명 작업이 필요한 인물과 이름이 별로 알려져 있지 않은 인물들의 이야기를 열심히 써왔다. 물론 그 중에는 긍정적인 인물도 있고, 부정적인 인물도 있다.

그러나 한편으로는 아무리 그 인물의 의식과 행동을 높이 평가하더라도 자료가 부족하거나 제한적이어서 약전略傳조차 제대로 쓰기가 어려운 인물도 많았다. 당나라와 맞서 나라를 지킨 을지문덕, 지도 제작에 일생을 바친 김정호가 그러하며, 신분사회 속에서 그 한계를 극복하고 의학, 과학, 예술 등 한 분야에서 뛰어난 업적을 남긴 허다한 인물들의 사례가 그러하다.

이렇게 모은 약전 형식의 역사인물 전기가 어느덧 한국사 전 시대를 통틀어 260여 명을 헤아리게 되었다. 이 글들을 다시 수정하고 보충하여 집대성해보니 원고지 1만 매가 넘는 방대한 분

량이 되었다. 원고를 주제별로 분류해보니 제왕, 위정자, 변혁을 꿈꾼 혁명가, 의학·과학자, 문학가, 예술가, 사상가, 실학자, 종교가, 개화기 지식인, 동학농민전쟁 지도자, 국내외 독립운동가, 한국사의 명장면을 연출한 라이벌과 동반자, 광복 이후 해방공간의 정치가와 현대사의 주역들 등 자연스럽게 '인물로 읽는 한국역사'가 되었다. 필자가 이미 펴낸 『한국사이야기』와 더불어 짝을 이룬 셈이다.

이 시리즈의 여섯 번째 권으로 펴내는 『진리는 다르지 않다』에는 종교사상가 또는 종교운동가 24명의 삶과 사상을 모았다. 이들 24명은 결코 순수한 종교인이라 볼 수 없다. 이들은 고통받는 민족과 민중 속에 살았다. 여기서는 그 성격에 따라 네 부류로 나누었다.

첫째는 불교 승려와 불교사상가들이다. 이들은 한국에 불교가 수용된 초기부터 조선 말기에 활동한 승려들이다. 이들의 삶은 치열했다. 왕조에 도움을 준 인물도 있고, 타락하는 불교에 새 바람을 불러일으키려는 인물도 있으며, 위기에 처한 나라를 구제하기 위해 산사를 뛰쳐나와 현실에 몸을 던진 인물도 있고, 민중 속에 들어가 민중과 호흡을 하면서 민중을 위해 산 인물도 있다.

둘째는 도교적 수양으로 삶을 이은 시인과 학자들이다. 교조적 유교사회에서 도교를 수양의 한 방편으로 삼기도 하고, 자기의 삶을 깨끗하게 보존하려는 인생관에 따라 도교의 가르침을 따른 인사도 있고, 도교적 예언서를 펴내 민중에 제시한 인사도 있다.

셋째는 천주교와 기독교 신앙으로 몸을 던지며 산 인물들이다. 천주교를 금압하는 시대에 천주교의 가르침을 추구하다가 목숨을 던지기도 하고, 일제 식민지 또는 독재정권 아래에서 살면서 치열한 삶을 추구한 인물도 있다.

넷째는 민족종교를 창립하여 꺼져가는 나라를 구제하려는 종교인들이다. 이들은 주로 조선 말기 나라가 서양세력의 침투와 식민지 지배를 받을 시기 구국을 위해 왕성한 활동을 벌인 인사들이다.

이들 종교인들은 범상하게 살지 않은 특징을 지니고 있다. 그저 현실에 안존하여 평탄한 삶을 산 것이 아니요 순수하게 자기네가 믿는 종교에 빠져 있지도 않았다. 무언가 새로운 진리를 추구하기 위해 불꽃 같은 삶을 살았다. 오늘날의 종교인들이 자신을 돌아볼 궤적이 될 것이다.

임진강 가의 서실에서

이이화 쓰다

# 1부

# 중생과 함께 불국토를 향한 발걸음을 떼다

원효 / 　의상 / 　의천 / 　도선 /

원효는 민중이 고통을 받는데도 귀족들은 사치와 호화로운 생활로 날을 지새우는 현실을 보았다. 그는 민중 편에 서서 불교를 해석하고 현실을 재단했다. 그리고 분열의 조짐이 보이는 신라사회에 통합과 화합을 외쳤다.

# 원효
끝없는 정진으로 불교의 진리를 터득하다

## 유학 가는 길에 마음의 눈을 뜨다

예전부터 큰 스승 밑에서는 큰 학자가 나오지 못한다는 말이 있다. 왜냐하면 아무리 뛰어난 인재라도 스승의 가르침만 익히다 보니 독창적인 이론이나 견해를 내지 못하기 때문이다.

특히 스승의 그림자도 밟지 않는다는 스승 숭모사고가 지나쳐 스승과 제자가 지나치게 엄격한 관계가 형성된 조선시대에는 더욱 그러했다. 그리하여 이황 밑에서는 그만한 학자가 나오지 못했다. 이황의 계통을 잇는 후대들은 이황의 설에 비판을 가하거나 다른 학설을 내면 여지없이 파문을 당했다.

이것을 두고 예전 말로는 조술祖述이라 했다. 있는 그대로를 익히고 따를 뿐, 새로운 학설을 내지 않는다는 뜻이다. 조술과

원효대사 초상 원효라는 호는 스스로 지어 부른 것으로 '이른 아침' 또는 '처음 부처의 해가 빛난다'는 뜻을 지녔다.(일본 고산사 소장)

반대되는 단어가 자득自得이다. 자득은 '스스로 터득한다'는 뜻이니 스승 없이 혼자의 힘으로 책을 읽고 사유하여 어떤 경지에 도달함을 말하는데 자득한 사람에게서는 흔히 독창성을 발견하게 된다.

신라의 고승 원효元曉(617~86)는 자득한 사람의 표본으로 꼽힌다. 당시 승려나 벼슬아치를 가릴 것 없이 지식인들은 너나없이 불법과 유교를 배우기 위해 당나라 수도 장안(지금의 서안)으로 유학하는 것이 하나의 풍조였다. 당시 장안에는 신라에까지 명성과 저술이 전해지는 고승들이 많았고, 신라의 청년들은 그런 고승의 설법을 듣고 가르침을 받아보는 것이 소원이었다. 그런 탓에 한때 장안에는 신라의 유학생이 250여 명이 넘은 적도 있었다.

원효는 어느 스승 밑에서 중이 되었다. 그러나 그는 스승의 가르침보다 스스로 책을 읽고 사유하며 정진했다. 여느 사람처럼 이름난 스승을 찾아다니지도 않았다. 그러면서 뜻이 맞는 후배 하나를 만났다. 이 후배가 곧 신라에서 원효 다음으로 유명한 의상義湘이다. 원효는 의상과 뜻을 맞추어 당나라로 유학 가기로 했다.

당시 육로는 고구려 때문에 막혀 있었다. 두 사람은 뱃길로 가기로 했다. 그리고 남양만 언저리로 나왔다. 남양만에 이르자 비바람이 세차게 몰아쳤고 날까지 어두워졌다. 그들은 하룻밤을 보내기 위해 어둠 속에서 굴 하나를 발견하고 그 안에 들어 잠을 청했다. 원효는 새벽녘에 목이 몹시 말라 주위를 더듬어보았다. 요행히 바가지에 물이 담겨 있지 않은가? 원효는 그 바가지의 물을 시원스레 벌컥벌컥 마셨다.

아침에 일어나 보니 그들이 잠자던 굴은 묵은 묘였고 바가지는 다름 아닌 해골이었다. 그는 구역질을 해댔다. 그리고 깨달았다. '일체유심조一切唯心造', 모든 것은 마음가짐에 달려 있는 것이다. 부처는 무수히 마음을 강조했으나 원효는 그것을 읽으면서도 옳게 터득하지 못했다. 그러다가 해골바가지의 물을 마시고서야 체험적으로 깨달은 것이다.

이와 조금 다른 이야기도 전해진다. 굴속에서 하룻밤을 자고 나서 아침에 깨어보니 그 굴은 무덤이었고 여기저기 해골이 뒹굴고 있었다. 오싹했다. 그러나 밖은 여전히 비바람이 몰아치고 있

 중생과 함께 불국토를 향한 발걸음을 떼다

었다. 두 사람은 어쩔 수 없이 그곳에서 다시 밤을 보내게 되었다. 첫날밤의 평온함과는 달리 이튿날 밤에는 온갖 잡귀들이 꿈에 나타나 원효를 괴롭혔다. 그리고 잠에서 깨서는 번뇌 망상이 머리를 어지럽혔다. 그리하여 원효는 새로운 마음의 소재를 알게 되었다. 다음 날, 날씨는 화창하게 갰고 황해의 푸른 물결도 잔잔했다. 의상은 짐을 챙겨 원효에게 어서 배에 오르자고 했으나 원효는 고개를 저었다. "아우님만 가시게. 나는 여기에 남겠네."

하지만 기록에는 두 사람이 당나라 요동까지 갔으나 고구려 첩자의 고발로 잡혀 감옥에 갇혔다가 풀려났다고 한다. 앞의 이야기는 아마도 그를 높이려는 민중이 꾸며낸 이미지 조작일지도 모른다. 하지만 원효의 진면목을 알려주는 일화로 볼 수 있다.

원효는 신라 고승 가운데 당시 유학을 가지 않은 유일한 승려이다. 그는 계속 정진했다. 산속에서만 정진한 것이 아니라 때때로 시장과 거리에서 노래도 부르고 무애無碍라는 이름의 바가지를 두들기며 돌아다녔다. 그리고 아무데나 들어가 밥을 얻어먹고 잠을 잤다. 세상에서는 이런 원효를 미친 사람이거나 파계승으로 치부했다. 그러나 원효는 철저한 실험적 행동을 한 것이요, 무애의 행각을 보인 것이다.

그에게 많은 비난이 쏟아졌고 시기와 질투도 함께 퍼부어졌다. 그러나 그는 아랑곳하지 않았다. 이때 조정에서는 사건이 터졌다. 당나라에서 『금강경』을 가져왔는데 이를 강설할 승려가 없었다. 대안大安에게 부탁하자 대안은 원효를 추천했다.

원효도 그때로서는 『금강경』을 읽은 적이 없었다. 이런 그가

『금강경』 강설을 부탁받고 흔쾌히 나섰다. 그는 시골 절에서 경주 황룡사로 오는 동안 소의 등에 걸터앉아 뿔 사이에 책을 놓고 강설 내용을 적어나갔다. 경주에 이르자 강설 내용이 완성되었다. 그런데 원효를 시기하는 무리가 한밤중에 강설을 적은 종이를 훔쳐갔다. 그는 다시 밤을 새워 강설 내용을 완성했고, 다음 날 왕과 고승 1천여 명이 모인 자리에서 화려하고 열정에 찬 법회를 열었다.

> 주관적 나와 객관적 사물, 이 둘 모두 절대적 특성을 가지지 않는다는 삼공三空의 바다를 진이니 속이니 하며 대립한다. 이를 모두 원융하니 그냥 길이 즐겁다.
>
> 『금강삼매경론』

원효가 주장자를 쾅 내리치며 이렇게 소리치자 대중들은 무엇인지 알아들을 것 같았다. 이 자리에 있던 모든 사람들이 원효의 강설을 들으며 찬탄해 마지않았다. 삼공은 해탈하는 세 가지 방법인데 공空, 무상無相, 무작無作이다. 모두 하나로 녹여야 한다는 뜻이 아니겠는가?

## 모든 것은 일심으로 모아진다

원효는 경산의 6두품 집안에서 태어났다. 이는 귀족의 맨 끝자리에 드는 신분이었다. 이런 신분을 지닌 그는 신라 귀족사회에서는 출세가 보장되지 않았다. 턱거리 귀족이 되어 진골귀족의 눈치만 살피고 살아야 할 처지였다.

그는 출가한 뒤 이 절 저 절을 떠돌면서 전진했다. 원효라는 호는 스스로 지어 부른 것으로 '이른 아침' 또는 '처음 부처의 해가 빛난다'는 뜻을 지녔다.

그는 『금강삼매경론』을 비롯해 『대승기신론소』, 『십문화쟁론』 등 무수한 저술을 냈고 불경을 해설했다. 이들 저술에서 일관되게 흐르는 사상적 맥은 무엇보다 일심一心이다. 조금 어렵지만 살펴보자.

유식학파와 중관학파가 공유空有를 두고 벌이는 논쟁에 대해 "긍정하면서 스스로 부정하고 부정하면서도 긍정해야 한다"고 일렀다. 일심에 대해서는 "진여문眞如門과 생멸문生滅門의 두 문을 가지고 있다. 진여문은 발생도 없고 소멸도 없으며 증감이나 차별이 없는 절대적 본체이다. 생멸문은 발생과 소멸이 있으며 증감과 차별이 있다"고 선언했다. 진여문은 본질적 측면, 생멸문은 상대적, 현상적 측면임을 말하고 "이 둘이 하나이면서 둘이고 둘이면서 하나이다"라고 했다.

원효는 이런 이론을 신라사회에 적용하여 "쓸데없는 이론들이 구름처럼 일어 어떤 자는 나는 옳고 남은 그르다고 말하며 어떤 자들은 나는 그러하나 남들은 그러하지 않다고 주장하여 드디어 하천과 강을 이룬다. 유를 싫어하고 공을 좋아함은 나무를 버리고 큰 숲에 다다름과 같다. 비유컨대 청색과 남색은 체가 같고 얼음과 물은 원천이 같으며 거울은 모든 형체를 그대로 받아들임과 같다"고 일갈했다. 일심은 모든 것의 근원으로 화합의 근본이 되고 평등하고 차별이 없으니 부질없이 다툴 까닭이 없다는 것이다. 그는 교리를 놓고 대립하거나 한 걸음 나아가 여러 세력이 벌이는 분열과 갈등을 화쟁사상으로 모아들였다.

원효는 어느 날 경주 시내를 누비고 다니며 "누가 자루 빠진 도끼를 빌려줄 테냐. 내가 하늘을 받칠 기둥을 다듬겠노라"라는 노래를 부르며 돌아다녔다. 이 소문을 들은 태종무열왕은 "귀부인을 얻어 아들을 낳겠다"는 뜻이라 풀이했다. 태종무열왕은 그를 요석궁으로 불러 과부인 요석공주와 잠자리를 같이하게 했다. 이들 사이에 태어난 아들이 우리나라 유학의 시조로 일컬어지는 설총薛聰이다.

원효는 만년에 복성거사라 자처하고 무애행을 벌였다. 거사라 했으니 중이 아니라는 것이다. 그의 기행은 더욱 복잡해졌다. 바가지를 두드리며 고을고을을 누비고 다녔고 광인처럼 노래를 부르며 다녔다. 때로는 술집에 들어가 작부를 희롱하기도 하고 때로는 여염에 들어가 살기도 했으며 마음이 내키면 토굴에 들어가 좌선에 열중하기도 했다. 그러다가 다시 거리에 나와 민중의 틈에 끼어 춤추고 노래하며 즐거워했다. 임금이 법회를 열 때 원효를 대덕으로 초대했으나 시기하는 무리들이 "원효는 만인 적"이라고 지탄하면서 참여를 방해했다.

원효는 70세에 깊은 토굴에서 혼자 숨을 거두었다. 그는 민중이 전쟁으로 죽어가고 굶주림과 고된 노역으로 고통을 받는데도

귀족들은 사치와 호화로운 생활로 날을 지새우는 현실을 보았
다. 그는 민중 편에 서서 불교를 해석하고 현실을 재단했다. 그
리고 분열의 조짐이 보이는 신라사회에 통합과 화합을 외쳤다.

　그의 업적은 순전히 자득의 소치였다. 그런데도 그는 우리나
라 최고의 고승이요 사상가가 되었다. 그리하여 민중의 우상이
되었는데 엉뚱하게도 전국 곳곳에 원효가 지었다는 절들이 널려
있다. 원효가 곳곳에 절을 짓고 다녔던가? 이는 원효를 빌려 자
신의 절을 유명하게 만들려는 사술에서 나왔을 것이다.

# 의상
철저한 수행으로 대중불교를 설파하다

## 우리나라 화엄종을 열다

의상義湘(625~702)은 원효와 함께 신라의 2대 명승으로 꼽힌다. 그의 속성이 김씨였으니 명색이 왕족이었다. 19세에 경주 황복사에 출가했을 때 어느 누구도 그가 해동 화엄종의 개조가 되리라고는 생각하지 못했을 것이다.

의상은 원효와 헤어진 뒤 661년 당나라 장안으로 갔다. 그 무렵 조국 신라에서는 백제 부흥군과 한창 전쟁을 벌이고 있었고 이어 당나라와 연합해 일차 평양 공격에 나섰다. 그리하여 장안은 소란스러웠다. 의상은 고국의 소식에 귀를 막았을 것이다. 오랜 전쟁으로 민생이 도탄에 빠진 모습을 너무도 잘 알고 있었기 때문이다.

의상대사 초상  그는 불법은 얼마든지 사람을 이롭게 하니 끊임없이 수행하여 선보를 지으라는 가르침을 폈다. 이러한 평등사상은 후기에 큰 영향을 끼쳤다.(일본 고산사 소장)

그는 화엄학의 요체를 배우기 위해 종남산 지상사에 주석하고 있는 지엄智儼의 문하에 들어간 것으로 짐작된다. 그는 황실의 후원을 받으며 화엄학 선양에 열중하고 있었다. 지엄의 제자인 법장法藏은 스승의 뜻을 받들어 화엄학의 체계를 세우는 일에 힘을 쏟아 큰 세력을 이루었다. 의상은 이 대열에 끼어 법장과 함께 화엄학을 공부했다.

그는 별 어려움 없이 8년 동안의 공부를 마치고 고국으로 돌아왔다. 그의 나이 44세 때였다. 당시 신라는 당나라와 연합하여 통일을 이루었고 새로운 시대를 맞이해 들떠 있었다. 문무왕은 "긴 전쟁은 끝났다. 창과 칼을 녹여 가래와 쇠스랑을 만들라"고 선포했다. 하지만 당나라 침략군들은 평양에 안동도호부를 두어 식민지를 만들려 했다. 신라는 당나라 침략군에 도전했다. 어제의 동지는 오늘의 적이 되었다. 다시 쇠스랑을 녹여 창을 만들었다. 문무왕의 동생 김인문은 장안에 들어갔다가 인질로 감옥에 갇혔다. 김인문은 당 고종이 큰 군사를 동원해 신라를 침략할 것이라는 사실을 알아내고 몰래 의상을 불렀다. 그리고 서둘러 귀국하여 이 사실을 알리라고 당부했다.

그는 육로를 따라 고국으로 돌아왔다. 목숨을 걸고 뱃길로 돌아오지 않아도 되었다. 그는 길가에 뒹굴어 다니는 해골을 보고 무엇을 느꼈을까? 당나라와 신라의 전쟁을 막아야 한다는 의지가 꿈틀댔을지도 모른다. 그는 당나라의 동정을 전달했고 문무왕은 그에게 불법으로 전쟁을 막아보려고 양법禳法을 쓰게 했다.

이제 의상은 평등을 구현하려는 신라 화엄학의 중흥조가 되었다. 원효는 화엄학의 요점을 소개하기는 했으나 이론적 체계를 세우지는 않았다. 의상은 왕실의 지원에 힘입어 널리 화엄학을 가르쳤다. 그의 동료 법장이 측천무후의 지원을 입은 것과 비슷하다.

신라 왕실은 전쟁에 지치고 민심이 유리되어 있는 현실에서 의상이 대중에게 삶의 희망을 던지기를 바랐다. 의상은 수행에 치중하는 실천적 성격이 두드러진다. 이는 이론에 치중하는 법장의 관념적 성향과 다르다.

의상은 문무왕의 당부로 화엄종의 본산 사찰을 창건하려고 터를 찾아 전국을 돌아다녔다. 그가 중국 등주에 머물러 있을 때

선묘라는 낭자가 그를 흠모했다. 그는 고국으로 돌아오는 길에 다시 그 집을 찾았다. 그런데 선묘는 법복과 집기를 상자에 담고 그를 따라나섰다. 하지만 의상은 배를 타고 돌아보지도 않은 채 떠났다. 그러자 선묘는 상자를 바다에 던지고 "큰 용이 되어 따라가 불법을 전하겠다"고 말하고는 바다에 빠져 죽었다.

선묘는 용이 되어 의상을 따라다니며 보호했다고 한다. 의상이 태백산의 한 중턱에 이르러 복선福善의 절터라고 여기고 가람을 지을 때였다. 선묘는 용의 몸을 큰 돌로 화신하여 가람의 지붕에 떨어질 듯이 날았다. 여러 승려들이 놀라 흩어졌는데 의상이 절에 들어서자 내려앉았다 한다. 지금도 부석사 옆에 큼직한 돌이 놓여 있다. 이러한 부석사의 창건 설화는 그의 행적을 교묘하게 꿰어 맞춘 것이다.

676년에 부석사가 창건되자 찾아오는 사람들이 골짜기를 메웠다. 문무왕은 기쁨을 감추지 못하고 토지와 노비를 하사했다. 그러자 의상은 "우리 법은 평등하여 높고 낮음이 고루 같고 귀한 이와 천한 이가 같은 가닥입니다"라고 말하고는 이어서 "빈도는 법계를 집으로 삼아 발우를 가지고 밭갈이를 하며 곡식이 익기를 기다립니다. 지혜로운 생명이 이 몸을 빌려서 살고 있는 것입니다"고 하면서 이를 거절했다. 그리고 스스로 밭을 갈면서 살아가겠다는 의지를 밝혔다. 화엄 평등을 구현하는 참 스승다웠다.

의상은 수행의 한 방법으로 세예법洗穢法을 평생 지켰는데, 세수를 하거나 발을 씻거나 몸을 씻거나를 가리지 않고 수건으로 닦지 않고 물기가 마르도록 기다렸다 한다. 수건에는 이물질이

있어서 이를 사용하는 것은 세예법에 어긋난다고 생각한 것이다. 또 평생 동안 밥을 담는 발우와 물을 담는 병과 입는 옷을 빼고는 아무것도 가지지 않았다 한다.

그는 부석사에서 제자들에게 화엄학을 본격적으로 가르치고 일반인들에게도 설법했다. 그래서 종남산과 태백산을 화엄사상의 상징으로 받들었다. 그는 이 사실을 종남산에 전달했다. 이에 법장이 편지를 보내 의상의 공덕을 찬양하고 화엄학의 선양에 더욱 힘써 줄 것을 당부했다. 그리고 지엄이 쓴 『탐현기探玄記』 등 화엄학 관련 저술을 다른 신라 승려가 베껴 갔다는 사실도 알려 주었다.

## 귀족과 평민의 화합을 말하다

의상은 이 뜻에 따라 부석사를 비롯하여 해인사, 범어사, 화엄사 등을 화엄 10찰로 지정하고 본격적으로 화엄학 전파에 나섰다. 이어 668년에는 화엄학의 요지를 7언七言의 한시 형식을 빌려 30구의 게송을 만들어 적었는데, 모두 210자였다. 이를 도면에 담아 「화엄일승법계도華嚴一乘法界圖」라 불렀는데 이를 줄여서 「법성게法性偈」라 한다.

「법성게」의 몇 대목을 알아보자. 앞의 네 구절을 보면 이러하다.

하나 가운데 모두가 있고 많은 가운데 하나가 있다(一中一切多卽一). 하나는 곧 모두이며 많은 것은 곧 하나이다(一卽一切多卽一). 하

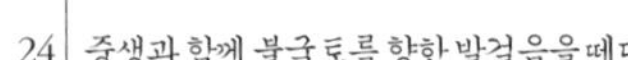

나의 티끌 속에 온 누리가 포함되어 있고(一微塵中含十方) 모든 티끌 속에도 온 누리가 포함되어 있다(一切塵中亦如是).

이를 다시 설명하면 본체 가운데 현상이 있고 현상 가운데 본체가 있다는 것이다. 본체는 곧 현상이며 현상은 곧 본체이다. 이 둘은 아무런 차이가 없으며 서로 잘 어우러진다. 이를 단순한 종교적 이념체계로 보기도 하고 지배체제를 받쳐주는 이데올로기로 보기도 한다. 곧 귀족과 평민을 일체로 보아 화합을 강조한 것으로 해석했다.

그리고 다음과 같은 구절이 있다.

비의 보배는 허공에 가득하여 거듭 중생을 살리는데(雨寶益生滿虛空) 중생은 그릇대로 이익을 담아 얻는다(衆生隨器得利益).

불법은 얼마든지 사람을 이롭게 하는데 사람들은 근기에 따라 그 몫을 얻는다는 뜻으로 불법의 교화를 드러낸 말이다. 끊임없이 수행하여 선보善報를 지으라는 가르침이다. 이는 귀족이나 대중 모두에게 해당하는 교의였다. 이는 편리에 따라 얼마든지 원용할 수 있다.

의상은 『화엄경』을 빌려 방편을 삼아 자신의 인생관과 사상관을 드러냈다고 볼 수 있다. 그는 「법성게」를 전파하기 위해 많은 노력을 기울였다. 선승들과 대중은 방대한 『화엄경』을 읽어낼 수 없었고 평생을 골방에 앉아 읽어내도 그 오의奧義를 알 수 없었다. 그러니 『화엄경』의 요체를 210자로 적어냈다는 것은 노작임에 틀림없다. 「법성게」가 한번 전파되자 온 절간과 불교의식에서 염송되었으며 여염에서는 주문처럼 외웠다. 대중불교의 좋

은 방편이었다.

그는 「법성게」 외에도 경전의 요의를 적은 몇 가지 저술을 남
겼다. 하지만 원효의 저술과 비교하면 어디까지나 대중에게 요
지를 알리는 수준에 머물렀다. 그가 많은 저술을 남기지 않은 것
을 두고 「법성게」를 완성했을 때 스승이 죽었기 때문이라고도
한다. 곧 공자가 『춘추』를 썼다가 기린이 잡혔다는 말을 듣고 절
필한 경우에 비유한 것이다. 과연 그런 것일까? 어쨌든 그는 학
승이라기보다 실천적 포교승이라고 말해야 옳을 것이다.

이것은 다음 일화를 통해서도 알 수 있다. 어느 날 문무왕이
경주에 성곽을 쌓고자 했다. 이를 들은 의상은 "임금의 정교가
밝다면 풀언덕에 금을 그어놓고 성이라고 해도 백성들이 감히
넘지 못하고 재앙을 씻어내 복이 될 것이나, 정교가 밝지 못하면
아무리 튼튼한 성을 쌓더라도 재앙을 면하지 못할 것입니다"고
건의했다. 그러자 문무왕은 그 말을 옳게 여겨 성곽 쌓는 일을
중지했다 한다. 그는 관념이 아니라 실천적으로 백성을 사랑했
던 것이다.

한편 의상은 표훈表訓 등 10대 제자를 길러 화엄학 전파의 전
령으로 삼았다. 이 제자들이 후기 신라불교의 맥을 이어 나갔다.
그가 이렇게 많은 제자를 길러내고 많은 절을 창건할 수 있었던
것은 왕실과 귀족들의 지원이 있었기 때문이다. 그가 귀족들을
거부했다는 증거는 거의 찾을 수 없다. 이러한 관계는 그에게 하
나의 방편이었다.

당시의 불교 사상가들을 두고 상반되는 견해가 있다. 먼저 역

사를 유물론적 관점에서 접근한 사회주의 역사가들은 이들의 이론이 관념에 빠져 사회발전을 외면하고 수탈을 일삼는 지배세력에 영합하여 화합과 복종을 강요하는 이념에 빠져 있다고 보았다. 여기에는 원효와 의상의 이론까지 포함된다. 다른 견해로는 인간구원과 정신문화에 크게 기여한 종교적 이념체계를 세웠다는 것이다. 이들은 황폐한 사상과 문화 풍토 내에서 불교 사상가들이 내건 이론이 민족사상과 통합이념에 크게 공헌했다고 보았다.

의상의 이론 틀을 보면 지배 이데올로기를 여러모로 뒷받침해주었다. 그는 대중불교 전파의 일급 공로자이지만 민중의 현실적 고통에는 원효보다 열정이 모자랐고 별로 동참하지 않았던 것으로 보인다. 원효의 사상 역시 부분적으로는 관념에 젖어 있었고 지배 이데올로기에 간접적으로 공헌했지만 두 승려의 평등사상과 구원정신은 후기에 큰 영향을 끼쳤다.

# 의천
## 고려불교의 서광을 밝힌 국사

## 불법 정화에 나선 문종

의천義天(1055~1101)은 왕자로는 드물게 출가한 승려였다. 1055년 문종의 넷째 아들 의천이 태어났다. 이는 궁중의 경사라기보다 고려불교의 서광이라 할 수 있다. 의천이 태어난 다음해에 문종은 벼슬아치들의 학정으로 백성들이 극심한 고통을 겪고 있는 현실을 개선하고자 여러 곳에 어사를 내려 보냈다. 문종은 불교의 폐단에도 깊은 관심을 보여 다음과 같은 조서를 내렸다.

석가께서는 청정을 가장 먼저 가르쳐 더러움을 멀리하고 탐욕을 끊으라 하셨다. 지금 신역身役을 피하려는 무리들이 이름을 사문에 의탁하여 재물을 모으고자 농사를 짓고 가축 기르는 일을 본업으

대각국사 의천 초상   의천은 견문이 넓고 사려가 깊으며 합리적 판단을 하는 성품에다가 왕자라는 높은 신분도 지니고 있었다. 따라서 그에게는 남다른 지도자의 역할이 요구되었다.

로 삼아 장사에 힘쓰는 것이 풍습처럼 되었다. 그리하여 나아가서는 계율을 어기고 물러가서는 청정의 서약을 업신여긴다. 어깨에 걸치는 법복으로 술동이를 덮고 강론하고, 범패 외는 마당을 파와 마늘을 심는 밭으로 떼어주었다. 장사꾼과 통하여 사고팔면서 술 마시며 놀이를 즐기고 있다. 절간의 꽃밭은 떠들썩하고 난초 화분은 지저분한데, 승려들은 속세의 관을 쓰고 속세의 옷을 입고 절을 수리한다고 핑계를 대고는 깃발과 북을 들고 노래하고 불면서 여염집에 들락날락한다. 그러면서 멋대로 시정의 사람과 싸워 피투성이가 된다. 짐은 선악을 구분하고 기강을 바로잡고자 온 나라의 이런 절을 도태시키고 계행戒行을 정성껏 닦는 자만을 편안히 도를

『고려사』「세가世家」

현실을 아주 냉철히 살펴본 준엄한 지시였다. 비리를 막자는 것이지 불도들을 탄압하자는 뜻이 아니었다. 이 지시에 따라 많은 절을 헐어버렸다. 헐린 절들은 대부분 귀족들이 벌여놓은 원당이나 권력을 끼고 중생제도를 외면하는 사원이었다. 민중들은 박수를 보냈다. 그리고 개인이 집을 보시하여 절로 삼는 일을 금지시켰으며 한 집안에 아들이 셋 있을 경우, 15세가 넘은 아들 하나만을 출가하는 것을 허락했다.

문종은 재위 37년 동안 누구보다도 불법의 진흥에 앞장섰다. 관례에 따라 조금도 소홀함이 없이 궁중에서 법회를 열고 일곱 차례나 승려에게 반승飯僧을 베풀었는데 최고 3만 명이 모여든 적도 있었다. 현화사에 국가 소유의 둔전屯田 2천 2백여 결結을 시주하기도 했다. 벼슬아치들의 반대를 무릅쓰고 12년에 걸쳐 개성 덕적산에 흥왕사를 짓고 원당으로 삼았는데, 그 규모가 2천 800칸이나 되었다. 그리고 성종 때에 폐지되었던 팔관회와 연등회를 30년 만에 부활시켰다. 문종의 이러한 행적이 이율배반적으로 보일 수도 있겠으나 그의 조서는 어디까지나 사찰과 승려의 타락을 방치할 수 없어 불가피하게 내린 개혁 조치였다.

## 시대적 요구에 따른 새로운 종파, 천태종

어느 날 문종은 여러 아들을 불러놓고 "누가 스님이 되어 복전
의 이익을 얻겠는가?"라고 물었다. 다른 아들들은 아무 말이 없
었으나 11세가 된 후煦(의천)가 나서서 "제가 출가할 뜻이 있습니
다. 오직 부왕의 분부를 기다릴 뿐입니다"라고 말했다. 의천은
어린 나이에 출가하여 개경 외곽에 있는 영통사 등에 머물면서
화엄종의 교지를 배웠고 유교의 가르침까지 두루 섭렵했다. 그
는 송나라 명승 정원법사淨源法師에게 편지를 보내 교분을 넓혔
으며 정원법사의 저술을 모두 얻어 보았다. 그의 탐구욕은 이에
머물지 않았다.

의천은 아버지와 형들에게 중국에 가서 불법을 배워오겠다고
청했으나 허락을 얻지 못했다. 특히 어머니가 한사코 말렸다. 문
종이 죽은 뒤인 1085년 사월 초파일에 어머니에게 편지를 남기
고 그는 제자 두 명과 함께 송나라 상선을 타고 송나라 수도 변
경(지금의 하남성 개봉)으로 들어갔다. 그때 송나라는 거란족이 세운
요나라에 밀려 북경 일대를 내주었다. 고려는 송나라와 교류를
하면 육로를 피해 배편을 이용하고 있었다. 의천은 그만큼 험한
길을 왕래한 것이다.

당시 변경에는 인도승과 라마승을 비롯하여 남쪽 여러 나라의
승려들의 내왕이 끊이지 않았다. 그는 많은 승려들과 교류를 하
면서 송의 철종 황제를 만나고 그곳 벼슬아치들에게서 융숭한
대접을 받았다. 그는 이에 만족치 않고 고행을 거듭하며 항주 등

지 남쪽의 여러 절을 두루 돌아보았다. 그리고 서호 주변의 절에도 드나들었다. 그런데 예전과 다른 기묘한 현상이 벌어졌다. 의천은 출국할 때 많은 불교 관련의 책을 가져갔다. 당시 송나라는 거란과 오랜 전쟁을 벌이면서 불경 관련의 책들이 불에 타서 구독하기 힘들었다. 이를 알고 있던 의천은 가져간 책들을 그곳 승려들에게 보여 주었다. 종래에는 송나라에서 불교책을 들여 왔었는데 이때는 도리어 수출하는 모양이 되었다.

이렇게 1년 2개월을 보낸 뒤에 고국으로 돌아왔다. 그의 어머니가 아들이 보고 싶어 귀국을 종용하는 간곡한 편지를 송나라 황실에 보낸 것이다. 의천은 고국에 돌아와 홍왕사에 머물면서 송나라에서 가져온 불경과 경서 3천여 권을 나라에 바쳤다. 그는 홍왕사에 교장도감敎藏都監을 설치하고 연달아 북쪽의 요나라와 송나라에서 책을 들여와 찍어냈다. 이때 간행한 책이 4천 700여 권에 이르렀으며 여기에는 원효의 저술도 포함되어 있었다.

그가 국청사에 머물 적에는 고승 1천여 명이 모여들어 거처할 방이 모자랄 지경이었다. 이때 본격적으로 천태 교학을 강의하면서 천태종을 창시했다. 그리고 2년 뒤에 천태종은 세상에서 공인된 종파가 되었다. 그가 새로운 종파를 창시한 것은 시대적 요구에 따른 것이다. 이 무렵 선종과 교종의 대립과 갈등이 재연되고 있었다. 한편 국제관계로는 북방에서 여진세력이 크게 성장하여 고려를 위협하고 있었다. 의천은 견문이 넓고 사려가 깊으며 합리적 판단을 하는 품성에다가 왕자라는 높은 신분도 지니고 있었다. 남다른 지도자의 역할이 요구되었던 것이다.

## 관념을 실천으로, 대립을 융화로

그는 왕권을 강화하고 문벌세력을 누르며 불교의 타락을 막고 민중을 추동하여 여진의 침입에 대비해야 하는 책무를 스스로 걸머졌다. 이런 이념을 처음에는 화엄종 사상을 중심으로 펴려 했으나 나중에는 천태종을 통해 구현하려 했다. 의천은 중국의 절강성 천태산의 국청사를 찾아가 천태종의 교리를 깊이 있게 새겼다. 국청사는 천태종의 중심 사찰이다. 이 절 앞에는 고구려와 신라의 승려들이 공부할 때 거처했던 신라원이 있다. 그는 그곳에 있으면서 고려에서 천태종의 교의를 펴보려고 마음을 굳게 먹었다. 천태종에서는 선과 지혜의 조화를 강조한다. 그는 특별히 조화에 관심을 기울였다.

천태종의 기본 경전은 『법화경』이다. 『법화경』의 중심 사상은 『화엄경』보다 구체적인 회삼귀일會三歸一에 있다. 곧 사람의 등급을 셋으로 나누는데 "아무리 모자라는 중생이라도 성불할 수 있다"고 했고 "마음이 바로 부처이고 중생"이라고도 했다. 그러니 셋이 마침내 하나로 돌아간다는 것이다. 의천은 부처가 마지막으로 설법한 이 사상을 고려의 현실에 뿌리내리도록 했다. 신분갈등을 해소할 수 있는 평등관의 구현이었다.

그가 존숭하는 선사는 원효였다. 의천은 원효의 화쟁사상을 어떻게 새로운 환경에 맞는 이념으로 만들 것인지 고심을 거듭했다. 그리고 마침내 이론과 실천의 양면을 강조하는 교관겸수敎觀兼修를 제창했다. 화엄종을 비롯하여 교의만을 닦는 종파들은 마음의 실체를 버리고 바깥에서 허망하게 진리를 찾아 헤맨다고 보았다. 선종처럼 참선에만 치우치는 종파들은 바깥의 현실은 외면하고 마음에만 진리를 밝히려 하여 현실을 소홀하게 한다고 보았다. 그는 한쪽에 치우치는 것은 아집이라고 했다. 그래서 화엄종과 선종이 벌이는 다툼에 대해 이렇게 설파했다.

토끼뿔은 실재하지도 않는데 한쪽에서는 길다고 우기고 한쪽에서는 짧다고 우기는 것과 다름이 없다.

『대각국사문집大覺國師文集』

이처럼 의천은 교의 공부와 함께 선을 실천해야 한다는 점을 강하게 주장했다. 이는 관념을 실천으로, 대립을 융화로 이끌 수 있는 이념이었다. 그래서 교관겸수를 원융사상이라고 하며 이를 표방한 천태종을 총화불교라고도 한다.

의천은 자신이 처음 몸담았던 화엄종의 일부 세력과 대립했고 법상종을 받드는 문벌 귀족들로부터 많은 지탄을 받았다. 뒷날 왕사로 추대된 학일學―은 의천의 협조를 거절하고 선종의 독자성을 지키려 했다. 학일은 의천이 죽은 뒤 청도의 운문사에 은거하면서 선에 정진했다.

 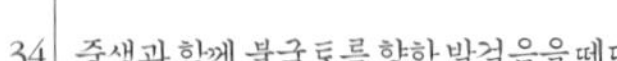 중생과 함께 불국토를 향한 발걸음을 떼다

# 화폐의 유통을 주장하다

의천의 실천적 현실인식은 화폐의 통용을 강력하게 추진한 데에서도 잘 드러난다. 그는 송나라에서 돌아와 형인 숙종에게 화폐를 통용하게 해달라는 건의를 올렸다. 거기에 다음과 같은 내용이 있다.

돈은 몸은 하나이지만 역할은 네 가지입니다. 첫째, 생김새를 보면 둥글고 구멍은 네모납니다. 둥근 것은 하늘을 상징하고 메모난 것은 땅의 모양입니다. 이는 하늘이 온갖 것을 완전하게 덮고 땅이 완전하게 받쳐주는 것을 나타냅니다. 둘째, 돈은 샘물처럼 끝없이 흘러나와 마르지 않습니다. 쓰면 없어지는 곡식과 다릅니다. 셋째, 돈을 백성에게 퍼뜨리면 위아래 어디를 돌아다니더라도 길이길이 막힘이 없습니다. 넷째, 돈은 이익을 부유한 사람과 가난한 사람 모두에게 나누어줍니다. 그 날카로움은 칼과 같으나 늘 써도 무디어지지 않습니다.

『대각국사문집』

그는 송나라의 화폐유통을 보고 고국에 널리 통용케 하여 민생에 도움을 주려 했다. 그의 이런 주장과 이론은 숙종의 마음을 휘어잡았다. 고려 역대 조정에서도 화폐의 통용을 여러 차례 시도했으나 성과를 거두지 못했다. 숙종은 주전관鑄錢官을 두어 화폐를 만들었으며 주전도감鑄錢都監을 두어 동전을 찍어냈다. 이리하여 의천은 한국 화폐 발달사에 큰 이름을 올렸다. 이는 그가 승려로서 정치권력에 개입한 것이 아니라 중생제도를 위한 한 방편이었다는 점에 의미가 있다. 이를 현실참여라 해도 좋을 것이다.

숙종은 한편 의천에게서 자문을 받아 불교 개혁을 서둘렀다. 대표적인 사례를 하나를 들어보자. 당시 비구와 비구니들은 친목을 위해 만불회萬佛會를 조직했다. 이 조직은 전국적으로 확대되었는데, 비구와 비구니들은 서로 연계하여 가난한 이와 고통받는 이들을 외면하고 고리대 등 이권 챙기기에 열중했다. 그리고 신도들을 유혹하여 시주를 받아냈다. 숙종은 이를 전면적으로 금지하는 조치를 내렸다.

의천은 승려로서 최고직인 승통僧統이 되었고 대각국사라는 시호를 받았다. 이는 결코 왕자라는 혈통에 힘입은 것만은 아니었으나 이것에서 자유로울 수는 없었다. 그의 명망은 양식 있는 승려만이 아니라 신도들에게 더욱 높았다.

하지만 한계도 있었다. 의천의 사상은 본질적으로 왕권 강화를 위한 의식 기반과 문벌체제의 타파라는 시각에서 출발하여 불교의 전반적이고 구체적인 개혁 방향을 제시하지 못했다. 절들은 귀족의 원당으로 전락하여 재산 도피처가 되고 정치권력 투쟁에 이용되는 등 현실적 모순에 휩싸였지만 이를 전면적으로 개혁할 수 있는 방향을 제시하지 못했다.

그리하여 귀족불교를 민중불교로 끌어내리는 데 실패했고 원효의 깊은 뜻을 올바르게 실현하지 못했다. 의천이 죽고 난 뒤

그가 추구했던 원융사상은 빛이 바랬고 불교의 타락은 더욱 심화되었다.

그 까닭은 첫째, 밑으로부터의 개혁을 시도하지 않았기 때문이다. 광범위한 승려와 신도를 중심으로 결사운동을 벌이지 않은 것이다. 둘째, 조직적인 개혁 프로그램을 만들어 실현해내지 못했다. 지나치게 이념 제시에 열중한 것이다. 이러한 의천의 개혁사상은 뒷날 태어난 지눌에게 큰 영향을 주었으며 지눌에 의해 그 한계는 상당히 극복되었다.

오늘날 한국전쟁 당시 불타 없어진 영통사를 남쪽의 천태종에서 천태종의 본산이라 하여 복원했다. 이 복원과정에서 의천의 행적이 적힌 비가 발견되어 보존되고 있다. 이 비는 오랜 풍상이 할퀴어 훼손되어 있으나 그 원형을 잃지 않고 있다. 그리고 중국의 개봉과 항주의 서호 언저리 등 그가 머물렀던 여러 절에 그의 행적을 기록해 두어 남쪽 관광객의 발길을 끌고 있다.

# 도선
신비를 조작한 풍수설

## 도선, 과연 그는 술승이었는가

신라와 고려의 승려 중에는 정치적 영향력을 행사한 인물들이 많다. 어떤 점에서 보면 도선道詵(827~898)도 그런 경우에 해당할 것이다.

흔히 도선을 두고 우리나라 승려로는 최초로 풍수지리설을 연구하고 비보설裨補說을 전수했다고 한다. 또 그의 발길이 전국에 닿아 지리의 순역을 점치고 이를 비기에 적어 놓았다고 한다. 여기에다가 도참설圖讖說에 따라 왕건의 탄생과 고려의 건국을 예언했다고도 한다. 그리하여 도선이 지었다는 비기가 수십 종 나돈다. 도선에 얽힌 이야기는 신비스러운 분위기에 쌓여 민중 속에 널리 퍼졌다. 과연 그는 술승術僧이었을까? 그 실상에 접근하

도선국사 초상 도선은 혜철의 맥을 이어 바람을 일으킨 선승으로 명망을 얻었으며 밀교를 수용한 통합사상의 제창자였다.

기 위해 먼저 그의 생애를 밝힌 비명을 간단히 살펴보자.

도선은 전라도 영암에서 태어났으며 속성은 김씨인데 태종무열왕의 서손 계통이라는 말이 전해진다. 하지만 그의 조상의 내력은 확실치 않다. 아무튼 신라 왕족이라고 해서 살아생전인 신라 말기에 크게 덕 볼 것은 별로 없었을 것이다.

그는 출가하여 처음에는 화엄사에서 불법을 익혔다. 하지만 교학의 현학적인 분위기에 염증을 느껴 선학으로 방향을 돌렸다. 그리하여 혜철惠哲(785~861)이 동리산(지금의 곡성 태안사)에서 후학을 가르치자 도선은 여기에 들어 선학을 배웠다. 당시 선학을 추구한 승려들은 신라 왕실과 거리를 두려 했다. 문성왕이 사자

를 혜철에게 보내 하문하고 나라를 다스리는 방책을 묻자 적당
히 응대하면서 산문을 나서지 않았다.

그는 그 뒤 전국을 떠돌며 수도를 거듭하다가 백계산(광양)의
옥룡사를 일으키고 이곳에서 참선에 들어 묵언으로 35년을 보냈
다. 이때 헌강왕이 사자를 보내 경주로 초청하자 그는 스승과는
달리 잠시 경주로 가서 현언묘도玄言妙道로 임금을 깨우친 뒤에
옥룡사로 돌아왔다. 그는 옥룡사에서 72세로 열반했다. 여러 기
록에서 뽑은 그가 살아온 과정은 거의 틀림이 없다고 판단된다.

곧 그는 구산九山 선문의 하나인 동리산에서 당나라 유학승으
로 밀교를 익혀 돌아온 혜철의 제자가 되었으며, 일생 동안 만행
과 선승으로 지내다가 잠시 헌강왕의 초청을 받았다는 것 등이
역사적 사실과 일치한다.


## 참선으로 마음을 깨치라


혜철은 당나라로 건너가 선을 전수받고 이어 밀교에 깊이 빠
져 들었다. 밀교는 비로자나불을 받들되 모든 보살과 선신善神과
무속까지 융화 포섭하는 통합사상을 기저로 삼았다. 이는 원효
의 화쟁사상과 본질적으로 상통한다. 그리고 밀교는 땅의 정령
이 호생好生의 근본이 된다고 보았다. 따라서 풍수지리설과도 연
관이 있다. 밀교에서는 수도할 때 장소를 매우 중요하게 여겼다.
장소가 바르면 수도도 잘 되고 깨침의 효과도 쉽게 얻을 수 있다

고 본 것이다. 이런 탓으로 밀교에서는 택지법이 중시되었다. 혜철은 이런 밀교를 공부하고 일항一行(행이 줄을 뜻할 때는 항으로 발음)의 사상을 전폭적으로 수용했다.

그러면 일항은 누구인가? 일항은 밀교의 교의를 배우고 나서 당나라 밀교의 개조가 되었다. 일항이 살던 시대에는 측천무후가 일어나 당나라 조정을 쥐고 흔들면서 정치세력이 분열되고 사상계가 혼돈을 겪었다. 당시 당나라는 말기적 증상이 보이고 있었다. 이런 때에 불교적 통합사상이 요구되었으며 그는 밀교를 통해 이를 풀어보려 했다. 그는 천문, 역수에 밝은 천문학자이기도 했다. 이때 한나라 때 유행했던 풍수지리설을 밀교의 지령地靈 이론과 결부시켜 부분적으로 수용했다.

혜철은 스승 지장智藏을 통해 일항의 사상을 모두 섭렵했으니 제자 도선이 이를 공부한 것은 너무나 당연한 전개이다. 따라서 도선은 선승이면서 밀교를 받들어 비보설을 내세웠을 것이다. 곧 절을 지으려면 산천의 순역에 따라 짓되 거슬리는 곳을 골라 절을 지어 나쁜 기운을 막아야 한다는 주장을 폈을 것이다. 마치 독사를 무거운 돌로 눌러 움직이지 못하게 하거나 병이 든 몸 부위에 뜸을 뜨듯이 절을 지어 눌러 놓아야 한다는 것이다.

이를 역으로 풀어보면 사찰을 함부로 짓는 일을 막는 효과가 있을 수도 있다. 신라 말기에는 절을 함부로 지어 민중에게 많은 고통을 안겨주지 않았던가? 그래서 도선은 아무리 좋은 곳을 골라 절을 지어 복을 받아도 참선으로 마음을 깨치는 것보다 못하다고 갈파했다.

## 정치세력에 의해 왜곡된 명승

이런 일항, 지장, 혜철, 도선으로 이어지는 융합사상을 역이용하여 확대 재생산한 자들이 바로 고려 건국의 지배세력이다. 그들은 왕건이 궁예를 몰아내고 왕위를 찬탈한 일을 합리화하고 고려의 건국이 하늘의 뜻에 따라 이루어졌음을 끊임없이 조작해냈으며, 도선을 좋은 미끼로 삼았다.

그 첫 조작이 『고려사』「세계世系」에 나타난다. 용릉龍隆이 개성의 곡령 밑에 새로 집을 지으려고 했다. 그때 마침 도선이 당나라에 들어가 일항에게서 지리의 법술을 배우고 돌아와 백두산을 올라 그 아래 산맥을 두루 살펴보았다. 그가 개성으로 발길을 돌려 곡령에 이르러 용릉이 지은 새 집을 보고 말했다. "기장을 심을 땅에 삼을 심어서야 되겠소?"

도선이 말을 마치고 휭 하니 가자 용릉이 도선을 다시 모셔와 곡령에 올라가 산수의 맥을 보게 했다. 도선이 하늘과 땅을 살피고 난 뒤에 이곳은 명당이며 그대는 물의 운명을 받았다고 말하고 집 36채를 지으면 큰 운수가 트인다고 말했다. 명년에 성스러운 아들이 태어나면 삼한의 주인이 될 것이니 이름을 왕건이라 지으라고 당부했다. 용릉은 물론 그 말을 그대로 따랐다. 그리고 다음 해에 왕건을 낳았다.

자, 이 대목은 여러 사실을 정교하게 짜깁기해서 만들었다. 도선은 당나라에 유학을 가지 않았다. 일항이 죽은 시기와 도선이 태어난 시기는 100년의 차이가 난다. 일항은 727년에 죽었다.

더욱이 혜철도 일항의 제자인 지장을 만났지 일항을 직접 만나지 못했다. 도선이 여진족이 득실거리는 백두산에 가봤는지는 모를 일이나 용릉이 곡령 아래에 산 것은 틀림없는 사실이다.

'기장'은 당시 임금을 일컫는 발음과 비슷하다고 한다. 아마 군장을 의미하는 지도 모른다. '물의 운명'도 그럴 만한 사연이 있다. 궁예는 연호를 '수덕만세水德萬歲'로 삼았다. 당시 오행설에 따라 상생상극을 인간의 운명에 원용하는 풍조가 일었다. 신라는 화덕火德을 표방했다. 물은 불을 이기며 또 만물을 소생케 하는 덕을 지녔으니 중생을 고통에서 풀어줄 덕을 지녔다는 뜻에서 선포한 것이다. 왕건은 쿠데타를 단행한 뒤에도 궁예가 내세운 수덕을 그대로 표방했다.

36이라는 숫자는 당나라 수도인 장안(오늘날의 시안)의 도시 구획인데 경주도 이를 본받았다. 어느 시인이 장안을 두고 삼십육궁도시춘三十六宮都是春이라 읊을 정도로 36은 평화와 번영을 상징한다. 개성은 비록 이런 도시 계획을 이룩하지 않았으나 민중이 정신적 고향으로 삼는다는 의미를 지니게 된다.

왕건이 아버지의 성인 '용'을 따르지 않고 '왕'으로 바꾼 사실을 두고는, 뒷세상에 살았던 김관의 조작이라는 비판이 있다. 본디 조상 때부터 왕씨였다고 지적한 것이다. 하지만 신라시대에는 특별한 귀족을 제외하고는 성을 바꿀 수 있었으며 어머니의 성을 따르는 경우도 흔했다. 그러므로 이 설화는 도선의 명망을 가져다 왕건의 탄생이 하늘의 뜻이라는 이미지를 깔아놓은 것이며 고려의 건국이 결정되어 있다는 도참설을 원용한 것이다.

이런 조작은 결국 고려 건국설화의 기본 틀이 되었다. 그리하여 1150년(의종 4) 최유청이 의종의 분부로 도선의 비명을 쓰면서 도선이 화엄사에서 음양오행설과 여러 비기를 공부하고 왕건의 출현을 예언하여 고려의 건국을 도왔다고 기록했다. 이로 인해 역대 임금들이 그를 추존하여 왕사, 국사로 받든 사실을 적고 이렇게 설명했다.

스승이 전해준 음양, 술수의 책 몇 가지가 세상에 많이 떠돈다. 뒷세상에 지리를 말하는 자들이 모두 스승을 종조로 받든다.
「선각국사탑비」

이것은 도선이 열반한 지 152년 뒤의 기록이다. 민지는 최유청보다 300년쯤 뒤에 활동했다. 민지가 저술했다는 『세대편년절요世代編年節要』에 다음과 같은 기록이 있다.

『고려사』에서 이를 전재하여 전한다. 왕건이 17세 때에 도선이 다시 찾아와서 "혼란한 시기에 창생을 구제할 운수를 지녔다"고 이르고는, 군사를 출동시켜 진영을 둘 곳을 일러주었다고 한다. 왕건은 이 말을 따라 궁예에게 몸을 던져 처음 철원군 태수가 되었다고 한다.

도선이 용룡을 만난 때는 895년으로 용룡이 죽기 3년 앞선 시기이다. 당시 신라의 진성왕은 비정을 거듭하여 나라는 수습할

 중생과 함께 불국토를 향한 발걸음을 떼다

수 없을 정도로 혼란스러웠다. 이때는 진훤(견甄이 성으로 쓰일 때는 진으로 발음)이 혼란의 틈을 타 완산주에서 나라를 세운 지 3년이 되는 해요 궁예가 왕위에 오른 해이기도 하다.

　이렇듯 고려 창건의 지배세력은 도선을 철저히 이용했다. 도선은 혜철의 맥을 이어 바람을 일으킨 선승으로 명망을 얻었으며 밀교를 수용한 통합사상의 제창자였다. 그가 주창한 풍수설은 새로 유행을 타는 분위기였다. 이런 때 그의 지리 지식을 정치적으로 이용한 것이다. 신라 왕실에서 먼저 그를 초청했을 때 왕건은 보물을 놓친 기분이었을 것이다. 더욱이 남쪽의 호족을 포용하는 과정에서 도선의 이미지는 충분히 이용가치가 있었을 것이다. 그래서 도선을 고려 건국의 당위성을 설파한 술승으로 만들지 않았을까? 현재 그의 고향 광양에 있는 옥룡사를 복원해 두었는데 풍수지리장이들의 발길이 끊이지 않는다고 한다.

# 2부

# 국난과 함께한 호국불교



사명당 유정은 승려의 몸으로 과감히 나라를 수호키 위해 세속의 일에 뛰어들었고, 임진왜란이 끝난 직후에는 전후 처리 교섭을 위해 일본에 건너갔다. 유정은 도쿠가와 이에야스와 우호관계를 맺어, 3천여 명의 포로를 귀환시켜 주겠다는 약속을 받아내고 돌아왔다. 이런 그의 활약을 두고 당시 민중들은 이적을 보인 많은 일화를 퍼뜨렸다.

# 지눌
선교일치운동을 통해 조화를 추구하다

## 부처의 참뜻을 좇다

보조국사普照國師 지눌知訥(1158~1210)은 우리나라 불교사에서 몇 손가락 안에 꼽히는 스님으로 우러름을 받는다. 그는 선교禪敎 일치를 위해 헌신한 고승으로, 죽은 뒤에는 나라에서 그의 공적을 기려 불일보조佛日普照라는 시호를 내려주었다. 그의 불명은 지눌이요, 호는 목우자牧牛子이다. 그리하여 그는 불일보조국사를 비롯해 보조, 지눌, 목우자 등으로 널리 불린다.

지눌의 속성은 정씨鄭氏였는데 황해도 서흥 땅에서 국학학정國學學正이라는 벼슬을 한 광우光遇의 아들로 태어났다. 그는 태어나서부터 병이 많아 몹시 허약했다. 그리하여 여러 약을 썼지만 잘 낫지 않아 그의 부모는 부처님께 빌면서 건강해지면 출가를

보조국사 지눌 초상 　그는 참선만을 일삼거
나 불경만을 가르치면서 각기 그것만이 옳다
고 주장하는 폐단을 바로잡으려 했다.

시키겠다고 서약했다.

　그 뒤 지눌은 병이 나아 여덟 살의 나이에 부모 곁을 떠나 출
가했다. 지눌은 머리를 깎고 계를 받아 사미승이 되었지만 일정
한 스승이 없었다. 그리하여 스스로를 채찍질하며 정진을 거듭
했다. 그는 스물다섯 살이 되던 해에 승과에 급제하여 승려로서
의 출셋길에 발을 들여놓았다. 당시 승려로서 승과에 급제하는
것은 출세의 첫 단계였다. 그러나 당시의 불교계는 여러 가지 타
락의 양상을 보이고 있었다. 더욱이 당시 무신정권은 발호를 거
듭하고 있었다. 이러한 시대 상황은 그에게 역사적 사명을 짊어
지게 했다.

승려들에게는 출가의 본뜻과는 달리 명리를 탐하는 풍조가 물들어 있었다. 많은 수재들이 중이 되어서는 높은 자리를 차지하려는 풍조가 일었고 세속에 물들어 재물과 재산 늘리기에만 골몰해 있었다. 더욱이 나라에서도 큰 불사를 벌여 재정을 소모하고, 여느 불자들도 불도의 실천보다 종파에 얽매여 분열을 조장하고 있었다. 이런 비리를 큰 소리로 지적한 것은 유자 출신의 최승로崔承老였다. 최승로는 불교의 비리를 강한 어조로 질책했다.

게다가 선종과 교종은 끊임없는 마찰을 빚었다. 불립문자 견성성불不立文字 見性成佛을 표방한 선종은 교종을 아주 낮게 보았고, 부처님 말씀을 토대로 중생을 제도해야 한다고 표방한 교종은 선종을 현실을 외면하고 있는 무리라고 매도했다. 선·교종은 신라 후기부터 대립해왔었는데 이들의 조화를 들고 나온 것이 대각국사 의천이었다.

지눌은 이러한 현실 모순을 보고 개혁에 큰 관심을 쏟기 시작했다. 그리하여 처음부터 승과 합격에는 관심이 없었고 오직 하나의 운동을 벌일 결심을 했다. 그는 20대의 중반 무렵, 곧 승과에 합격하던 해에 개성 남쪽에 있는 보제사의 담선법회談禪法會에 참석했다. 이때 많은 불자들이 모여 있었는데 그는 같은 또래의 10여 명을 모아놓고 이렇게 말했다.

법회가 끝난 후, 마땅히 명리를 버리고 산림에 은둔해서 동사同社를 만들자. 그리고 늘 선정禪定을 익히고 지혜를 닦는 것을 급선무로 삼고 예불과 경 공부를 하면서 직접 노동으로 울력(여러 사람이

『보조법어普照法語』

여기에서 '선정을 익힌다'는 것은 참선으로 자기 내면을 가꾸는 것이며, '지혜를 닦는다'는 것은 부처님 말씀을 공부하자는 것이다. 이는 곧 스스로 노동을 통해 고행을 하면서 몸소 실천하는 부처님 제자가 되자는 뜻이다.

이 말에 이견들이 있었지만 그는 당시의 불교폐단을 고치는 일에 열정을 가지고 설득해나갔다. 그는 이때 벌써 정혜쌍수定慧雙修의 논리를 펴서 선·교의 합일을 찾았고, 그 운동을 위해 정혜결사定慧結社를 주장하고 나선 것이다.

그는 모든 승직을 내던지고 바리때를 짊어지고 도시인 평양과 개성을 떠나 산골인 남쪽 창평의 청원사로 내려갔다. 그리고 이곳에서 매일 참선 수행을 하고 불경 읽기에 열중했다. 어느 하루는 『육조단경六祖壇經』(중국 선종의 제6조 혜능慧能의 설법을 모은 책)을 읽고 크게 깨달은 바가 있었다. 그는 여기에 부처의 참뜻이 담겨 있다고 생각했고, 특히 선정, 지혜에 대한 설파에 크게 감동했다. 그리하여 그는 자신의 갈 길을 이 책에서 구했고, 이를 통해 자득의 경지에 들어섰다.

# 정혜결사운동을 일으키다

청년 지눌은 이렇게 몇 년을 보내고 거조사(대구 팔공산에 있는 절)로 나왔다. 그가 이곳으로 나오자, 많은 동료들이 이 절에 머무르기를 원했다. 그리하여 그는 벗들과 이곳에 머물며 여러 종파의 승려들과 명사들을 접촉했다. 그리고 본격적으로 정혜결사운동을 벌였다.

이때(1190) 그는 『권수정혜결사문勸修定慧結社文』을 찍어 돌렸는데, 첫머리는 이렇게 시작한다.

> 삼가 들으니 땅에서 엎어진 자는 땅에서 일어나는 것이니 땅을 떠나 일어나기를 구하는 것은 있을 수 없다.

이 말에서 보듯 마음을 떠나 부처를 구하는 것 또한 있을 수 없다는 논지를 편 것이다. 이 글에서 정혜쌍수를 차분하게 설득했다. 그리고 불자는 온갖 명리를 버리고 몸소 실천하며 불교의 혁신운동을 벌여야 한다고 했다. 이 글이 퍼지자 불교계는 술렁거리기 시작했다. 청년 지눌의 이름은 널리 퍼졌고 그의 사상도 터전을 잡아갔다.

이때 그는 정진을 거듭했고 찾아오는 제자들을 가르치기에 여념이 없었던 것으로 보인다. 그리고 그는 새로운 돌파구를 찾아 나섰다. 그가 좀 더 넓게 정혜결사의 이론을 펴기 위해서는 내면의 깊이를 다져야 했다. 그리하여 1198년 몇몇 제자를 데리고 바

리때 하나만을 든 채 지리산의 상무주암으로 거처를 옮겼다. 그는 이곳에서 피나는 정진을 거듭해 참선에 들었다.

그러던 중 마침내 보각선사寶角禪師의 "선은 고요한 곳에 있지도 않고 매끄러운 곳에 있지도 않고 날로 쓰는 연줄이 닿는 곳에 있지도 않고 사량思量을 분별하는 곳에 있지도 않다"는 말의 뜻을 터득했다. 참선은 진정 어디에 있는가? 은둔적 삶에 있지 않으며 현실에 뿌리박아야 한다는 것이었다. 그리하여 진정한 보살행을 통해 중생제도에 바탕을 두어야 한다는 것이다.

그는 지리산 생활 3년을 끝내고 감연히 새로운 길을 찾아 나섰다. 은둔적 분위기를 지녔던 그가 비로소 대중과 접할 수 있는 곳을 찾아 나선 것이다. 40대를 갓 넘긴 그는 송광산 길상사(지금의 조계산 송광사의 옛 이름)로 나왔다. 그리고 이 절에 자리를 잡고서 정혜결사운동을 본격적으로 벌였다. 그는 외쳤다.

참선과 지혜를 다 같이 공부하여 만행萬行을 같이 닦는데, 어찌 헛되이 입을 꾹 다물고 있는 어리석은 선객[守默之痴禪]과 글만을 찾아 가르치는 미친 혜자[尋文之狂慧]에 비하리오.

이는 곧 참선만을 일삼거나 불경만을 가르치면서 각기 그것만이 옳다고 주장하는 폐단을 바로잡으려 한 것이다. 그러나 여기에는 한 가지 유의해둘 것이 있다. 지눌은 정혜쌍수를 주장했으나 참선을 윗자리에 두어야 함을 가르쳤다. 그의 선배인 의천이 교관겸수를 주장했을 적에 교를 우선해야 한다고 가르친 것과는

다소 상반된다.

지눌이 길상사에 자리 잡고 있을 적의 광경은 다음과 같이 전해진다.

> ……사방의 승려들이 풍문을 듣고 밀려와 길상사에 꽉 들어찼다. 심지어 높은 벼슬과 처자를 버리고 누더기 옷에 얼굴을 그을리며 동료와 함께 오는 자도 있었다. 방공方公, 사서士庶 수백 명이 밀려왔다.
>
> 송광사「보조국사비명」

이처럼 그가 설립한 정혜결사에는 많은 사람들이 밀려왔다. 당시 길상사 옆에 정혜사라는 절이 있었다. 이름으로 비롯되는 혼동을 피하기 위해 길상사를 수선사라고 이름을 바꾸었다. 늘 그를 흠모해왔던 왕자가 왕이 된 것은 1205년이었다. 새 왕 희종熙宗은 친필로 '조계산 수선사'라는 현판을 내려주었다. 그리하여 수선사는 국가공인의 결사운동 중심지가 되었다.

## 조화와 화합을 강조하다

지눌의 논리는 명쾌했다. 마치 일심을 끊임없이 설파한 원효의 환생을 보는 듯했다. 비록 원효처럼 민중 속으로 파고들지는 않았으나 그 기저는 크게 다를 바가 없었다. 그의 이론 한 대목

을 보자.

부처란 마음이다. 마음은 사람 몸속에 있다. 사람은 오래 미혹되어 있어서 마음이 참 부처인 줄 알지 못하고 부처를 마음 밖에서 찾는다. 이렇게 되면 티끌처럼 많은 세월이 지나도록 몸을 사르고 팔을 태우며 뼈를 두드려 골수를 꺼내고 몸을 찔러 피를 내서 경을 베낀다 해도, 밤을 지새우고 밥을 굶으면서 그 많은 대장경을 읽거나 여러 고행을 한다 해도, 이는 모래알을 삶아 밥을 지으려는 것과 같아 헛된 수고일 뿐이다.

「수심결修心訣」

비근한 비유를 들어 부처의 정의를 설파했다. 무식한 민중도 이를 알아먹을 수 있다.

그 뒤 수선사는 바로 선교일치운동의 본고장이 되었고 당시 불교계에 새바람을 일으키는 본산이 되었다. 지눌은 쉰세 살의 나이에 46년의 법랍法臘(정식 승려가 된 후 지낸 세월)을 끝으로 수선사에서 열반했다. 결코 많은 나이를 산 것은 아니었지만 그의 업적은 대단히 컸다. 그가 남긴 것은 현실운동 이외에 앞의 결사문을 비롯해 「수심결」, 「진심직설眞心直說」 등의 글이 모아져 『보조법어』라는 이름으로 전해진다.

그가 열반한 뒤 고려의 불교계는 판도가 완연히 달라졌다. 명리를 쫓던 승려들은 부끄러움을 느껴 타락의 길을 피했고, 선교의 우위싸움은 뚜렷이 조화, 화합의 길을 찾아가기 시작했다. 그리하여 고려의 불교계는 의천의 종지를 받드는 천태종과 보조의 종지를 받드는 조계종으로 양립하게 되었다. 그 뒤 이성계를 도와 조선의 건국에 공헌한 태고화상 보우普愚와 무학대사 자초自超도 보조국사 지눌의 맥을 이어 조계종의 조사가 되었다.

한편 송광사, 길상사 그리고 수선사는 조선조에 들어와 조계산 송광사로 명명되어 오늘날까지 이어져오고 있다. 조선조의 불교는 유교국가의 지향으로 많은 압제를 받아 위축되었다. 이런 마당에서 선교의 대립이 별로 첨예하지 않았다. 승려들 사이에서는 흔히 "선은 부처님의 마음이요, 교는 부처님의 말씀"이라는 말이 유행했는데, 이는 모두 의천과 지눌의 가르침 때문이다. 그리하여 조계종은 16국사가 배출되고 또 조선시대 가장 큰 교단을 유지하며 내려왔다. 임진왜란 때 구국의 길에 나선 서산대사와 사명대사 역시 조계종 계통이다.

오늘날은 어떤가? 비록 비구, 대처라는 이름 아래 많은 싸움을 벌였고 외래종교로 불교의 교세가 위축되어왔으나 조계종의 도맥은 불교의 중심세력으로 자리 잡고 있다.

그러나 현대에 들어와서 불교계는 보조가 실천한 중생제도의 보살행을 거의 받들지 않고, 일신의 안락과 명리를 추구하는 모습으로 바뀌었고, 선교일치와 화합정신은 거의 찾아볼 수 없으며 싸움질로 세월을 보내고 있는 모습을 보게 된다. 보조의 참된 정신을 되새겨보아야 할 것이다.

# 무학
### 명리는 내 뜻이 아니다

## 바른 길을 걸을 자, 그대 아니면 누구리오

흔히 무학無學(1327~1405)을 요승, 괴승이라고 말하고 때로는 대사, 왕사라고 높이기도 한다. 그리고 그를 이성계와 밀착된 정치적 인물로 보기도 하고 한양에 도읍을 정한 인물을 연상하기도 한다. 이러한 평가들은 대개 민간설화를 통해 전해지면서 그를 부정적 인물로 묘사되어 왔기 때문이다. 이는 유학자들이 승려의 비리를 지나치게 지적하는 분위기에 영향을 받은 것이다.

그러나 실제 그는 고매한 선승이었고 명리를 멀리한 인물이었다. 신라 말기 도선은 어떤 의미로든지 풍수지리설로 왕씨 왕조의 합법화에 크게 기여했다. 이와 달리 무학은 이씨 왕조 건설에 공로를 세웠지만 뒷날 은둔의 나날을 보냈다. 그러므로 도선과

무학대사 초상　그는 인간다운 사람이었
다. 물욕도 권력욕도 없었기에 만년에 세
상을 등지고 살았다.

무학을 같은 선에서 바라보는 것은 온당하지 못할 것이다. 그러
면 무학은 어떤 출생배경을 지니고 어떤 행적을 보였는가?

무학은 일반 사람에게 널리 통하는 그의 호요, 불명은 자초自超
였고 속성은 박씨였다. 그는 삼기군(지금의 합천)에서 태어났는데,
아버지의 출신은 자세히 알려져 있지 않으나 평범한 농부였던
것으로 보인다. 관계기록은 그의 부모에 대해 자세히 기술하지
않고 있다.

그는 열여덟 살 때에 출가해서 소지선사小止禪師에게서 구족계
를 받고 중이 된 뒤, 용문산 혜명국사慧明國師에게서 불법을 배웠
다. 혜명국사는 그에게 "바른 길을 걸을 자, 너 아니면 누구리

오”라고 말하고 부도암에서 거처하도록 허락했다.

그가 부도암에서 참선에 들 적의 일이다. 그때 암자에 불이 났
는데 그는 허수아비처럼 꼼짝도 하지 않고 정진했다. 이를 본 이
들이 그가 여느 사람과 다름을 알았다고 한다. 그 뒤 그는 진주
의 길상사, 묘향산의 금강굴 등지에서 정진을 거듭했다.

1353년 그는 홀연히 원나라의 수도인 북경으로 갔다. 그리고
그곳에서 불법을 펴고 있던 인도출신의 고승인 지공指空의 제자
가 되어 불법을 배웠다. 그곳에서 그는 고려의 중으로 마침 원나
라에 와 있던 나옹懶翁을 만나 많은 가르침을 받았고 나옹과 함
께 원나라의 풍물을 돌아보았다. 그는 중국 남쪽 절강성을 돌아
보다가 민란이 일어나는 모습을 보기도 했다.

## 조선왕조 개국 설화 속의 무학

1356년 무학이 먼저 귀국했고 나옹도 곧이어 귀국했다. 그는
나옹을 찾아 불법을 배웠고, 나옹이 공민왕의 왕사가 되어 송광
사에 머무를 적에 나옹에게서 의발을 전수받아 법통을 이었다.
그 뒤 나옹이 양주 회암사로 와서 낙성회를 크게 열고서 무학을
불러 수좌로 삼았으나 그는 이를 사양했다. 나옹이 회암사에서
죽자 여러 곳을 돌아다니며 수도했고, 당시 고려 왕조에서 그를
불러 왕사로 삼고자 했으나 모든 명리를 끊고 응하지 않았다. 그
뒤 8년간의 행적은 별로 알려진 것이 없다.

다만 변계량이 그의 탑비에 "임신년(1392)의 만남이 있었으니 스님의 거취가 어찌 우연이었겠는가?"라고 쓴 것으로 보아 조선조를 건국하던 해에 이성계를 만난 것으로 보인다.

이성계와 무학이 언제 만났는지는 확실하지 않다. 그러나 민간에 떠도는 이야기는 훨씬 이전으로 엮어져 있다.

이성계가 한창 일을 꾸미고 있을 적에 무학은 안변의 토굴에 살았다고 한다. 어느 날 이성계가 꿈을 꾸었는데 여러 집의 닭이 한꺼번에 울고, 허물어지는 집에서 잠을 자는데 서까래 세 개가 등에 떨어져 걸쳤다. 그리고 꽃이 떨어져 날리고 거울이 떨어져 깨졌다고 한다.

꿈을 깨고 나니 마침 한 노파가 곁에 있어서 꿈 풀이를 물었다. 노파가 말하기를 "장부의 일은 이 노파가 알 바 아니오. 서쪽으로 가면 설봉산 굴 안에 신승神僧이 있으니 가서 물어보시오" 하더라는 것이다. 이에 이성계가 산속을 헤매다가 그 중을 찾아 물으니 이렇게 해몽해주었다.

여러 집의 닭이 한꺼번에 운 것은 '고귀위高貴位'요, 서까래 세 개를 등에 진 것은 왕王의 글자요, 꽃이 떨어지면 열매를 맺고 거울이 깨지면 소리가 나니, 이것은 왕이 될 징조요. 이를 입 밖에 내지 마시오.

『순오지旬五志』

'고귀위'는 닭 우는 소리를 소리대로 문자화한 것으로 '높이 된

다'는 뜻이다. 이성계가 왕위에 오를 적에 여러 설화가 있었는데 이 대목이 가장 유명하다. 이는 고려가 건국할 적의 왕건에 얽힌 설화와 유사하며, 두 설화에는 공통적으로 전설적인 승려(도선과 무학)가 등장한다. 이것이 새 왕조를 위한 이미지 조작이 아니겠는 가? 그리하여 뒷날 이곳에 절을 지어 석왕사라 이름 했다고 한다.

그리하여 무학은 이성계가 새로운 왕조 건설의 꿈은 있으되, 그 결심과 계획을 제대로 옮기지 못할 적에 새로운 운이 열릴 것을 예언하고 술법을 일러주어 그 계획을 실천에 옮기도록 했다고 한다.

그리고 이런 이야기도 있다. 이성계가 왕이 된 뒤, 경기, 황해, 평안감사를 시켜 무학을 찾게 했다. 곡산 고달산의 초막에 유명한 중이 살고 있다는 말을 듣고 세 감사가 찾아가서 "왜 이런 곳에 사시오?"라고 물었다. 중은 "저 삼인봉三印峯 때문이오"라고 대답했다. 세 감사가 신분을 숨기기 위해 인을 산비탈 나뭇가지에 걸어두고 온 것을 두고 하는 말임을 알고 곧 무학임을 알아차려 이성계에게 데려갔다고 한다(『용재총화慵齋叢話』). 어쩌면 이때 이성계를 만났는지는 모른다.

조선왕조가 개국한 뒤, 무학은 왕사가 되었고 대조계종사 선교도총섭大曹溪宗師禪敎都摠攝이라는 불교 최고책임자가 되어 묘엄존자妙嚴尊者라는 호를 받아 큰 높임을 받았다. 이에 유학자 출신의 벼슬아치들은 쉴 새 없이 불교를 이단으로 몰면서 그를 헐뜯고 비난을 퍼부어댔다.

이성계는 이에 아랑곳하지 않고 자기의 생일에 무학을 초청하

여 전국의 불교지도자들을 모아놓고 무학을 추대했다. 그리고 설법을 벌이도록 했으며, 무학은 불교의 자비와 유교의 인이 한 길이라고 이성계에게 설법했다고 전한다. 그리고 이성계에게 일시동인一視同仁의 정신을 강조해 죄를 지은 이들을 풀어주라고 타일러, 당시 많은 죄수들이 풀려났다고 한다.

## 한양 천도의 진실은 무엇인가

조선왕조가 건국한 다음 해 이성계는 도읍을 옮길 계획을 세우고 그 지상地相(풍수지리)을 무학에게 보아달라고 부탁했다 한다. 이에 이성계와 무학은 계룡산을 오르기도 하고 한양 땅을 밟기도 했다. 마침내 한양으로 도읍을 정했는데, 적어도 여기에는 무학의 조언이 있었던 것으로 보인다.

그가 이성계와 함께 한양 땅에 들어올 적에 지금의 왕십리 지점에 와서 이성계가 "이곳이 도읍지로 좋겠다"고 하자 그는 "십리를 더 가서 터를 잡아야 한다"고 해서 왕십리往十里라는 지명이 생겼다고도 한다.

그리고 그가 인왕산으로 진산(궁궐의 뒷산)을 삼아야 한다고 주장하자, 정도전이 서쪽 산을 진산으로 삼는 법이 없다고 해 북악산을 진산으로 삼게 했다. 이에 무학은 만일 그렇지 않으면 5대 안에 정씨 성을 가진 사람이 시비를 걸어 왕위찬탈이 일어난다고 했고 200년 만에 나라가 흔들리는 난리를 겪게 된다고 예언

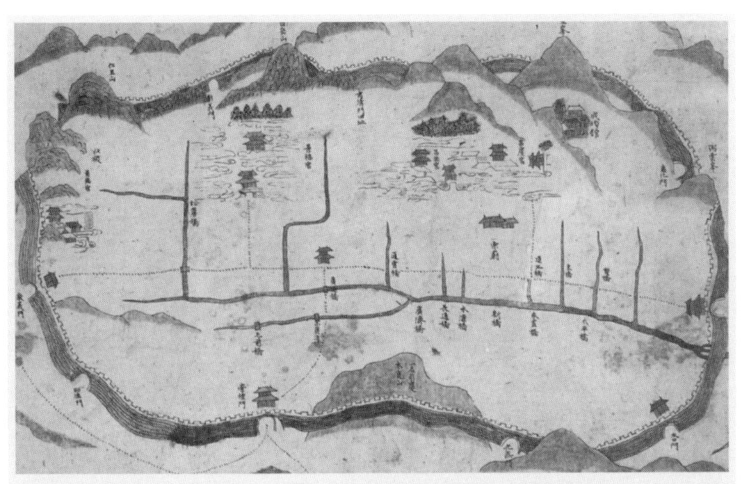

도성도   조선 후기에 그려진 한양 도성도

했다고 한다(『용재총화』). 여기서 정씨는 정도전이요, 난리는 임진왜란을 예언했다고들 한다.

그런데 이런 야사의 줄거리는 상당한 오류가 개재되어 있다. 정도전과 얽힌 정치적 분란과 풍수설, 비기 등을 빌려 사람들을 현혹시키려는 음모에서 지어낸 것이다. 정도전이 역적으로 몰려 죽은 뒤 그의 공적을 모조리 없애려는 음모가 있었다. 여기에 무학이 이용된 것이다.

여기서는 한양 천도의 진실을 알아보자. 먼저 실록에 따르면 한양 천도는 이성계의 강력한 추진과 정도전의 적극적 협조로 결실을 본 것이다. 무학은 이 과정에서 조연급 조언을 한 정도에 지나지 않는다. 이성계는 즉위 다음 해에 성석린 등 몇 신하를 데리고 계룡산으로 떠났는데, 도중에 회암사에 있는 무학을 불러 동행했다. 이성계가 계룡산의 높은 곳에 올라 도읍지로 어떻겠느냐고 묻자 무학은 잘 모르겠다고 답했다. 하륜은 계룡산은 남쪽에 치우쳐 있어서 도읍지로 마땅치 않다고 말하고 모악산 남쪽(신촌 일대)이 좋다고 건의했고 권중화는 이곳이 좁다고 반대했다.

이성계는 예전 고려의 이궁이 있던 한양을 돌아보고 확신에 차서 무학의 의견을 물으니 무학은 "이곳은 주변의 산이 높으며 가운데가 평평하고 넓어서 도읍지가 될 수 있습니다. 그러나 여러 사람의 의견에 따라 결정해야 할 것입니다"라고 대답했다. 이성계는 이 말대로 여러 사람들의 의견을 들어 한양으로 수도를 결정했다.

이때 유자인 정도전과 불승인 무학의 보이지 않는 갈등이 있었을 것이다. 적어도 무학은 정도전에게 밀렸고 모든 것은 정도전 뜻대로 이루어졌다. 조선왕조가 불교를 억압하고 유교를 진흥시킨 것이라든지, 서울의 진산을 북악산으로 하고 경복궁 등의 궁궐이름을 모두 정도전이 지었다든지 하는 것들이 그 증거가 될 것이다. 이방원은 왕이 된 뒤 정도전을 역적으로 몰았다.

한편 정도전은 『조선경국전朝鮮經國典』을 지어 조선왕조의 기틀을 다졌고, 『불씨잡변佛氏雜辨』, 『심기이삼편心氣理三篇』을 지어 불교와 도교를 배척하고 유교국가의 이념을 제시했다. 이처럼 이성계-정도전-무학-이방원의 갈등 관계 속에서 한양 천도와 관련된 이미지 조작이 이루어졌던 것이다.

한양 도읍이 정해진 뒤 이성계는 회암사에 무학의 스승인 지공과 나옹의 탑을 세우게 했고 무학을 왕사로서 극진히 대접했다. 이때 이성계는 연곡사에 불사를 벌이고 그를 주석하게 했다. 이렇게 5년을 지낸 뒤 그는 늙음을 핑계 삼아 모든 직책과 설법 요청을 사양하고 용문산으로 들어갔다. 이 해에 정도전이 피살되었고 새로운 왕인 정종이 왕위에 올랐다.

## 초탈의 삶을 살다

1402년 5월에는 새 왕인 태종이 그를 다시 회암사로 나오게 해서 강석을 맡게 했으나, 불과 반 년 만에 이를 사양하고 금강산으로 들어갔다. 그는 회암사의 일을 사퇴할 적부터 많은 대중과 가까이하기를 꺼렸고 조용히 참선에 드는 것에 집중했다. 그는 금강산에 들어가 전불암에서 3년간 수도에 열중했으며 병이 들어 약을 내와도 이를 거절하고 금강산 금장암으로 옮겨 죽었다 한다.

그는 문자 남기는 것을 싫어해서 오직 『인공음印空吟』 1천 편만 지었다. 그리하여 그가 남긴 저술이 없고 오늘날 전해지는 비기인 『무학비결』 역시 그가 지었다고 볼 수 없다. 그렇기에 그에 대한 많은 설화들이 떠돌고 있는 것이요 유자들이 그를 애써 요승이라고 지목하며 그의 설법을 두고 요령부득이니, 불교 지식에 무식하다느니 헐뜯고 있다. 그러나 이색은 그를 두고 이렇게

평가했다.



> 스님의 성품은 본질을 승상하고 꾸미는 것을 싫어했다. 먹는 음식은 매우 소찬이었고 나머지는 모두 나누어주었다. 늘 스스로 말하기를 "8만 가지 행실 중에 아이들 하는 짓이 제일이다"고 하였는데, 무릇 베푸는 일이 아이와 같지 않은 것이 없었다. 그리고 사람을 대할 적에 공경함과 사물을 아끼는 정성은 지극한 마음에서 나왔고 억지로 하려 하지 않는 것은 모두 천성에서 나왔다.
>
> 『목은집牧隱集』

이 말처럼 그는 인간다운 사람이었다. 물욕도 권력욕도 없었기에 그는 만년에 세상을 등지고 살았다. 이성계는 명망이 높은 그를 기성의 불교세력을 끌어들이는 이용물로 삼았던 것 같다. 그 속에서 이성계에게 큰 공을 새웠지만 그는 명리를 끊고 조용한 만년을 보냈다.

의심이 많았던 태종도 그의 행동과 인품을 높이 평가하여 회암사에 그의 탑비를 세우게 하고 변계량으로 하여금 찬양의 비명을 짓게 했다. 그는 유자들로부터 많은 헐뜯음을 당했지만 그가 권세를 부렸다든지, 축재를 했다든지, 음란을 일삼았다는 비난은 없다.

뒷날 남산에 국사당이 세워져 무당들이 떠받들고 민중들이 복을 빌었는데, 이곳에 모신 화상이 무학이었다 한다. 이는 그가 민중의 추앙을 받았음을 보여준다.

# 휴정
국난에 떨쳐 일어서다

## 달관의 이치를 깨친 당대의 명승

휴정休靜(1520~1604)은 서산대사西山大師로 더욱 알려졌다. 그는 임진왜란 때 승병장으로 이름을 떨쳤고 이에 따른 설화도 많이 떠돌았다. 그는 평안도 안주에서 진사로 명망을 얻고 있던 최세창崔世昌의 넷째 아들로 태어났다. 최세창은 살림이 넉넉한 편이어서, 총명한 여신汝信(서산대사의 어릴 적 이름)은 어릴 적부터 독선생 밑에서 공부했다. 여신은 어머니가 학이 구름을 타고 내려오는 꿈을 꾸었다 하여 운학雲鶴이라고 불리기도 했다.

그러나 어찌 뜻했으랴. 그의 나이 아홉 살에 어머니가 돌아가시고 다음해에는 아버지마저 어린 자식들을 남기고 세상을 떠났다. 가산은 풍비박산이 났고 형제들은 의지할 데가 없었다. 그때 안주목사인 이사증李思曾은 어린 여신의 재주를 아껴 양자로 삼았다.

그 뒤 이사증이 서울로 올 적에 어린 여신을 데리고 왔다. 그리고 이사증이 경상도수군절도사로 갈 적에는 여신을 성균관에 맡겨 학업에 열중하도록 했다. 이사증은 옛날 임격정을 토벌한 이름난 무장이었는데 알뜰하다 할 정도로 양아버지 노릇을 다 했다.

어린 여신은 아무런 생각 없이 학업에 열중했다. 그리고 열다섯 살 적에 성균관 진사시에 응시했다. 그러나 낙방하고 말았다. 동료였던 학우들은 평소에 자신보다 훨씬 학업이 뒤쳤는데도 버젓이 합격했다. 이때 그는 비로소 현실에 눈을 떴다. 집안의 배경이 없으면 쉽사리 벼슬자리에 나갈 수 없으며 더욱이 자신의 뿌리는 차별을 받는 서북 지방 출신이기 때문에 더더욱 어렵다는 것을 알게 되었다.

그 뒤 그는 과거수업에 염증이 났고 새삼 부모 생각으로 나날을 보냈다. 그러던 차에 친구 몇 명과 함께 지리산으로 유람의 길을 떠나게 되었다. 그는 시골 풍경을 보고 새삼 어릴 적에 뛰어놀던 고향 생각이 섬광처럼 머리에 떠올랐다. 그리고 세상일이 우습게 여겨졌다. 이에 시 한 수를 읊으니 이러했다.

인간의 일 우습구나
높은 재주도 집을 일으키지 못하도다
차가운 강가의 늙은 선비

서산대사 초상  휴정은 죽음을 앞두고서
도 제자인 유정(사명당)에게 여러 방책들을
알려주는 등 우리나라 호국불교의 우뚝한
실천자였다.(동화사 소장)

이를 잡으며 생애를 말하는구나

『청허당집淸虛堂集』

　세상을 바라보는 눈이 달라져 있었다. 지리산으로 들어간 그는 산의 경치와 절을 두루 구경했다. 그는 화엄사를 거쳐 영원사에 이르러 불경을 뒤적였다. 그의 마음을 잡을 구절들이 거기에 있었다. 그리하여 그곳의 승려인 숭인崇仁에게 간곡하게 청하여 머리를 깎았다. 이렇게 해서 조선왕조 최대의 고승대덕이 탄생하게 된 것이다. 그의 나이 열여덟 살, 이때 법명 휴정休靜을 얻었다. 휴정은 지리산에서 몇 년을 더 공부하고서 전국을 돌아보왔다. 그리고 비참한 현실을 몸으로 겪으며 더욱 인생의 무상을 느꼈다.

이때 조정에서는 불교진흥이 한창 이루어지고 있었다. 어린 명종을 곁에 앉히고 수렴청정을 하던 문정왕후가 불교의 진작을 위해 승과를 부활하고 이에 합격하면 벼슬자리에 해당하는 도첩度牒을 주었다. 1549년 그의 나이 서른 살에 여기에 합격했다.

그는 이후 선종과 교종의 일을 총괄하는 양종판사兩宗判事가 되었고 이어 문정왕후의 비호를 받던 보우普雨의 후임으로 선교 양종의 일을 총괄하는 봉은사의 주지가 되었다. 그의 나이 30대의 일이었다. 세속적 출셋길이 아주 빠른 셈이었다.

한편 문정왕후의 후원으로 불교진흥이 이루어지자, 조야의 벼슬아치와 선비들이 물 끓듯이 일어나 승려들을 비난했다. 그 비난은 주로 문정왕후의 두터운 신임을 받는 보우에게 쏟아졌다. 당시 휴정은 3년 동안 이 일을 보고 나서 조용히 모든 승직을 사퇴했다. 역시 명리는 자기 것이 아님을 이때 다시 확인했을 것이다. 그는 바랑을 지고 전국의 명산을 돌아다니다가 금강산에 들어갔다. 그리고 어느 날 향로봉에 올라 이런 시를 지었다.

> 만국의 도성은 개미집 같고
> 천가千家의 호걸들은 저린 닭이고녀
> 창가 밝은 달빛 아래 생각 없이 누워 있으니
> 끝없는 솔바람은 운치가 더없네

『청허당집』

이 시는 현실을 달관한 휴정의 모습을 여실히 드러낸다.

## 승군으로 나가 나라를 구제하겠나이다

그는 제자들을 기르며 참선에 몰두했다. 그가 금강산에 있거나 지리산에 있거나 묘향산에 있을 적에 1천여 명의 제자들이 몰려들었다. 그는 주로 묘향산 보현사에 머물렀다. 이 절에서 그는 제자들에게 중국의 소림사 승려들처럼 칼 쓰기, 활쏘기 등을 가르쳤다고 전해진다. 당시 나라가 뒤숭숭하고 왜군이 쳐들어올 것이라는 소문이 꼬리를 물고 이어졌다. 이를 대비함이었던가?

그의 제자 중에 두각을 나타낸 세 사람이 있었으니 곧 유정(사명대사의 불명), 영규靈圭, 처영處英이다. 이 세 사람은 불교의 진리는 물론 칼 쓰기, 활쏘기 그리고 병법을 익혔다.

휴정이 깊은 산골인 보현사에 있을 때였다. 정여립의 모반사건이 일어나 조정은 피를 튀기고 있었다. 바로 임진왜란이 일어나기 3년 전의 일이었다. 그런데 포졸들이 그 깊은 산골에까지 들이닥쳐 휴정을 묶어갔다. 보현사에서 비행을 저지르고 쫓겨난 무업이라는 중이 휴정이 예전 금강산 향로봉에서 지은 시(앞의 시)에서 역모를 꿈꾸었다고 했기 때문이었다. '개미집', '저린 닭' 같은 표현이 의심을 일으켰다. 그리하여 휴정을 심문했으나 별다른 꼬투리가 없자, 임금은 그를 풀어주게 했다. 만일 이때 그가 역모에 걸렸더라면 그의 이름은 역사에서 사라졌을 것이다.

  1592년 4월, 왜군은 부산으로 상륙한 뒤 20일도 안 되어 서울을 점령했다. 선조와 조정의 대신들은 아무런 방비도 하지 못하고 있다가 허겁지겁 북쪽으로 달아났다. 그리고 국경지대인 의주에 와서야 겨우 숨을 돌렸다.

  선조는 행재소를 지키며 별다른 방법을 찾지 못하고 있었다. 다급해진 선조는 방책의 하나로 보현사에 있는 휴정을 찾았다. 전갈을 받은 휴정은 일흔셋의 나이에도 칼을 들고 의주의 행궁으로 달려 나왔다.

> 선조 : 이처럼 난리가 났는데 그대는 구제할 수 있겠는가?
>
> 휴정 : 나라 안의 승려로 늙고 병들어 군대에 들어올 수 없는 자는 있는 곳에서 나라를 위해 기도하게 하고, 나머지는 모두 신이 거느리고 승군으로 나가 나라를 구제하겠나이다.

『선조실록』25년 9월조

  그리고 나서 휴정은 "승병들이 공을 세우면 여느 벼슬아치와 마찬가지로 품계를 달라"고 요구하여 동의를 받아냈다. 이리하여 선조는 휴정을 8도의 도총섭으로 삼아 승병을 총지휘하게 했다. 그리고 "휴정 도총섭이 어느 지방을 가든지 관원은 재상과 같이 대우하라"는 교서를 내렸다. 휴정은 곧 순안의 법흥사로 들어가 전국의 승려들에게 총궐기하라는 격문을 띄웠다. 승려들은 너도나도 격문 수백 통을 베껴 몸속에 감추고 전국 각지로 흩어졌다. 이어 휴정은 젊은 중들을 동원하여 군량미를 준비하게 하고 무기를 정비했다.

## 승군의 총대장으로 활약하다

이 격문은 금강산 표훈사에 있던 유정에게도 전해졌고 공주에 있던 영규에게도 전해졌다. 휴정의 제자 의엄義嚴은 관군과 합동 작전을 벌이고 유정은 강원도, 처영은 전라도를 맡도록 했다.

제일 먼저 일어난 것은 영규였다. 영규는 조헌이 이끄는 의병과 함께 1천여 명의 승병을 이끌고 앞장서서 청주의 왜적을 물리쳤다. 이어서 금산으로 가서 왜군과 전투를 벌이다가 조헌과 함께 전사했다. 금산에서 진영배치를 놓고 조헌과 다투던 영규는 "병법을 모르는 썩은 선비가 나라를 그르치고 있다"고 한탄하며 싸우다가 마침내 죽었다. 당시 승병들은 그 용맹에도 불구하고 늘 질시를 받으며 전투에 임해야 했다.

법흥사에서는 유정, 처영 등이 이끌고 온 승병 5천여 명이 휴정의 지휘를 받으며 10월에 진군했다. 다음해 정초 명나라 군대가 평양의 왜군을 쳤는데 이때 승병들이 크게 활약했다. 하지만 휴정은 노구로 전투에는 직접 참여할 수 없어서 묘향산에 물러가 있었다.

그리하여 서울 수복전투는 유정이 총지휘를 맡았다. 승병들은 서울 탈환에 공을 세웠고 선조가 서울로 귀환할 때에 휴정은 임금과 나란히 말을 타고 들어왔다. 당시에는 승려의 도성출입이

엄격히 금지되었는데 휴정은 임금과 나란히 행군하는 영광을 얻었던 것이다.

　명장 이여송도 칭송을 아끼지 않았다. 그런데 엉뚱하게도 호조판서 이성중 등 벼슬아치들은 휴정이 이끄는 승병을 자의로 해산하라 했다. 곧 조정에서 이 조치를 알고 거두었으나 이로 인해 일시 전투에 차질을 빚기도 했다(『선조실록』 26년 2월조).

　승병들은 전국 각지에서 많은 활약을 했다. 전공을 세우면 나라에서 벼슬과 상을 주는 것이 당시의 국법이었다. 그런데도 승려들에게는 처음 약속과는 달리 이를 주려 하지 않았다. 벼슬을 주면 조정의 법도가 문란해진다는 것이었다. 그리하여 적을 친 공을 세운 승려에게는 휴정을 통해 승과의 직책을 주게 했다. 한낱 쓸모없는 종이쪽이었다.

　그러나 휴정은 이 조치를 받아들여 승병들이 더 공을 세우도록 격려했다. 그런데도 벼슬아치들은 휴정이 공을 세운 뒤 거만을 부리고 행궁 앞에서 말을 타고 거들먹거렸으며 벼슬아치들이 걸어가는데도 말에서 내리지 않았다고 비난을 퍼부었다. 유자 출신의 벼슬아치들에게 굽실거리지 않았다는 것이다.

　난이 거의 잠잠해질 무렵, 휴정은 승병의 지휘권을 유정에게 넘겨주고 1594년 다시 묘향산으로 들어가 원적암에서 조용히 여생을 마쳤다.

# 민중의 구원자로 존중받다

1604년 유정은 임진왜란의 마무리 교섭을 벌이기 위해 일본의 막부로 갔다. 이때 유정이 가게 된 것은 일본 장수 가토 기요마사加藤淸正가 그의 인품과 지식을 흠모했기 때문이다. 두 사람은 임진왜란 동안 네 차례 만나 교섭을 벌이면서, 서로 많은 대화를 나누었다. 당시 교섭에서 가토는 유정에게 설득을 당했는데, 이로 인해 일본 조야에 유정의 이름이 널리 알려졌다.

유정은 도쿠가와 이에야스德川家康에게서 "일본은 조선을 침략하지 않고 영원히 우호관계를 유지하겠다"는 다짐을 받았으며, 포로 3천 명을 보내주겠다는 약속을 받아내기도 했다. 당시 휴정은 죽음을 앞두고서도 유정에게 여러 방책들을 일러주었다. 이처럼 휴정은 산속에서도 나라를 걱정하고 있었다.

휴정은 호국불교의 실천자였지만 그의 불교 이론 또한 주목을 받았다. 그는 유불선 합일사상을 『삼가귀감三家龜鑑』에 제시했으나 그 중심은 어디까지나 불교에 두었다. 그리고 불교에 대해서는 선교일치를 주장했으나 "법은 일미一味이지만 선은 주가 되고 교는 종이 된다"고 갈파하여 선을 우위에 두었다.

민중들은 서산대사와 사명대사에 대해 많은 설화를 만들어냈다. 서산대사가 날아다니는 모기의 날개를 칼로 잘랐다든지, 일본에서 사명대사를 뜨거운 불집에 자게 했는데도 다음 날 수염에 고드름이 달려 있었다든지 하는 이야기들이 바로 그것이다.

또 서산대사가 지었다는 다음의 시는 너무나 많은 사람들의 입에 오르내리고 휘호로 쓰였다.

> 눈을 밟고 들판에 가노니
> 어지러운 발길로 걷지 마라
> 오늘 나의 발자취가
> 뒷사람의 길잡이가 될 것이니

이 시의 내용은 선인의 몸가짐을 조심히 하라고 가르친 것이다. 그런데 이 시와 유사한 당시가 있는 것으로 보아 민중이 꾸며 낸 것으로 보인다.

이렇듯 민중들은 그들을 구원자로 보아 자연스레 이야기들을 만들어냈다. 서산대사의 숨결이 깃든 보현사가 북한에 잘 보존되어 있다니 퍽 다행스럽다. 오늘날 명리만 쫓는 승려들을 보며 새삼 서산대사의 행적을 더듬어본다.

# 유정
## 호국불교의 구현자

## 왜장을 두려움에 떨게 하다

임진왜란 때는 많은 인물이 부침하였는데 그중에서도 사명당 유정惟政(1544~1610)은 특이한 존재이다. 승려의 몸으로 과감히 나라를 수호하기 위해 세속의 일에 뛰어들었고 난이 끝난 뒤에는 대일외교로 큰 공을 세웠기 때문이다. 그리하여 그는 스승 휴정과 함께 불교가 핍박받던 시대에 그 이름을 역사에 올렸다.

유정은 밀양 출신으로 속성은 임씨任氏이다. 그는 여느 출가동기와는 달리 13세 때 속학의 천박함을 깨달아 중이 되었다 한다. 곧 고아가 되었거나 가난한 살림, 또는 출가하지 않으면 명이 짧다는 동기 따위로 중이 된 경우와 다르다는 말이다.

유정이 청년일 당시 보우가 문정왕후와 결탁하여 승과를 부활

시켰다. 그는 18세 때 승과에 무난히 합격하여 승직을 얻었다. 그러나 그는 당파로 다툼질이 벌어지는 정계와, 자기의 위치를 찾지 못하고 궁중에 빌붙어 사는 승려사회의 현실이 싫었다.

그리하여 선종의 지휘소인 봉은사의 주지 자리를 사양하고 묘향산의 휴정을 찾아 선방에 들었다. 그는 묘향산에서 3년쯤 보낸 뒤 전국의 절간을 두루 돌아다니며 만행을 벌였다. 이때 그는 서울에서 사귄 벼슬아치들로 인해 정여립의 역모에 연루되어 강릉의 감옥에 갇히는 몸이 되었다. 그와 가깝게 지내던 강릉 유생들의 구출운동으로 풀려나기는 했으나 더욱 무상을 느끼고 금강산 유점사로 깊숙이 들어갔다.

임진왜란이 터지자, 의주로 쫓겨 와 있던 선조는 묘향산의 휴정에게 도총섭의 직책을 주고 승의군을 모집해 달라고 간곡히 부탁했다. 이에 휴정은 공을 세운 승려에게 벼슬을 주고 차별정책을 막아 달라는 조건을 제시했고 이를 승낙받자 8도 승려에게 격문을 띄웠다.

유정은 유점사에까지 밀어닥친 일본군에게 포로가 된 승려들을 풀어주게 타이르기도 하고 고성에 주둔해 있던 일본장수에게 살생을 말라고 꾸짖기도 했다. 그는 이 무렵 스승의 격문을 받고 승군을 모아 휴정의 휘하로 달려왔다. 이때부터 13년에 걸친 눈부신 활동이 시작되었다.

유정은 평양 전투와 서울 수복에 참여했다. 그러나 승군들은 전투보다 군량미의 운반과 노역에 더 주력했다. 그는 때로는 소모召募(군사 모집)를 벌이기도 하고 때로는 군량미의 공급을 원활히

사명대사 초상  유정은 승려의 몸으로 과감히 나라를 수호하기 위해 세속의 일에 뛰어들었고 난이 끝난 뒤에는 대일외교로 큰 공을 세웠다.(동화사 소장)

하는 데 온 힘을 쏟았다. 이러한 공을 조정에서 크게 인정하여 임진왜란이 일어난 지 1년 뒤에 그에게 선교종판사禪教宗判事(선종 교종의 책임자)의 직책을 주었고 이어 당상의 품계에 올랐다.

그는 권율 장군의 휘하에 들어갔다. 일본군이 남쪽으로 내려가자 추격하여 의령 전투에서 큰 승리를 거두었다. 이 무렵 휴정은 고령을 핑계대고 도총섭의 자리를 의엄에게 넘겨주었다. 그 뒤에는 유정이 이를 이어받아 명실상부한 승군지휘자가 되었고 이때부터 그의 이름은 조정과 백성들 사이에 널리 알려졌다.

1594년에 들어서 화의和議의 논의가 꾸준히 제기되었다. 일본군의 2대 장수인 가토 기요마사는 부산에 진을 치고 있었다. 유정은 권율의 부탁을 받아 가토를 만나러 나섰다. 그는 51세의 나이로 늠름한 기상을 보이며 한 점 두려움 없이 당당한 모습으로 가토를 대했다.

세 차례에 걸쳐 두 대표는 화의의 조건을 서로 제시했으나 타결되지 않았다. 가토는 되풀이하여 명의 심유경沈惟敬과 일본의 고니시 유키나가小西行長와의 화의약속을 받아오라고 말했다. 심유경은 명 조정의 지시에 따라 별도로 회의를 진행시키고 있었고 고니시는 가토와 별개의 독자노선을 모색하고 있었다. 그러니 두 사람의 동의와 협조가 필요했던 것이다. 유정은 두 사람의 약속은 이루어지지 않을 것이라고 대답하면서 가토와 고니시의 경쟁심을 부추겼다. 가토는 이때 불쑥 "귀국에 보물이 있소?"라고 물었다. 이에 유정은 "우리나라에는 그대의 머리를 돈 천금과 읍만호를 걸고 산다고 하니 이것이 어찌 보배라 하지 않겠소?"라고 대답했다고 한다. 가토가 이 말을 듣고 껄껄 웃으면서 탄복했다는 일화가 전해진다(허균이 쓴 「자통홍제존자 사명대사석장비문」 참고).

유정은 이 교섭을 통해 가토와 고니시가 경쟁관계라는 것, 가토는 도요토미 히데요시를 실제로는 상전으로 인정하지 않는다는 사실 따위를 알아내 보고했다. 가토는 김응서金應瑞와 고니시가 만나 새로운 화의협상을 벌이고 있다는 것을 알고 더 이상 유정을 만나지 않았다. 그러나 이로 인해 가토는 특별히 유정에게 큰 존경심과 경모심을 지니게 됐다는 사실이 뒷날 증명되고 있다. 여러모로 유정을 도우려 했기 때문이다.

일본군이 물러가자, 유정은 재침을 대비해 승군을 데리고 남

쪽지방에 성을 쌓기도 하고 경상도 지방에서 방비에 나서기도 했으며 항복해온 일본군을 통해 화약제조를 위한 염초기술과 조총제작을 서둘기도 했다.

1597년 일본은 다시 재침해 왔는데 이를 정유재란이라 부른다. 처음 상륙한 가토는 울산에 진을 치고 있으면서 유정과 황혁黃赫을 만나고 싶다는 말을 전했다. 황혁은 일본군에 빌붙었던 하급 장수였다. 이렇게 해서 두 사람은 재회했으나 그들이 어떻게 회포를 풀었는지는 알 수 없다. 유정은 가토를 만나고 와서 그들의 배 5백여 척이 울산에 정박해 있다는 사실을 보고했고 그들의 요구조건이 "국왕은 바다를 건너 일본에 들어오라는 것과 8도의 땅을 떼어 달라"는 것임을 알렸다.

이런 요구를 들어줄 리 없었으니 전쟁은 재발할 수밖에 없었다. 일본군은 다시 분탕질을 치며 골골을 누비며 다녔다. 그러나 이순신이 명량대첩의 승리를 거두고 육지 의병들의 맹활약으로 일본군은 전보다 기세가 드세지 못했다. 그들도 재침을 별로 탐탐치 않게 여긴 것이다.

## 일본과의 우호관계를 이끌어내다

이렇게 1년 6개월쯤을 보낸 뒤 일본군은 도요토미의 유언에 따라 철수하기 시작했다. 만 6년 만에 임진왜란은 끝이 났고 장본인인 도요토미는 죽음을 맞이했다. 유정은 비로소 전장에서

몸을 빼 원주 등지의 산사에서 조용히 휴식을 취하며 다시 참선에 들었다. 그러나 그의 역할은 여전히 남아 있었다.

가토는 일본으로 돌아간 뒤 유정의 이름을 일본에 널리 알렸다. 그는 유정의 훌륭한 인품과 장부다운 기개에 대해 극찬을 아끼지 않았다. 그리하여 새로이 탄생한 도쿠가와 막부에서 그를 만나기를 열망했다.

1601년 도쿠가와 막부에서는 쓰시마의 다치바나 도모마사橘智正를 보내 우호를 요구해 왔다. 이에 일본의 사정에 밝은 체찰사 이덕형李德馨은 "다치바나는 지금 돌아갔습니다. 비변사備邊司에서, 정월에 사람을 쓰시마에 보내 정탐할 것을 결정하고서 신에게 통보해 왔습니다. 이 일은 매우 중요하기에 사람을 뽑아 보낼 적에 아주 잘 가려 보내야 노적老賊(도쿠가와)에게 농락당함을 면할 수 있습니다. 되풀이 생각해보아도 유정보다 나은 사람이 없습니다. 왜인이 이름을 아는 중이 유정입니다.……"(『선조실록』)라고 보고했다.

이 표현은 꽤나 인색하나 유정이 가장 필요한 인물임을 말하고 있다. 그러나 이때는 유정을 일본에 보내지 않았다. 더 중요한 일에 쓰려는 전략이었다. 당시 조정에서 유정의 이름으로 우호에 응한다는 글을 보낸 것만 보아도 일본에서 유정을 얼마나 높이 사고 있었는지 알 수 있다. 더욱이 조정에서는 다음 기회를 대비하여 그를 부산에 대기시켰다.

조정에서는 몸이 달아 있었다. 일본과 우호관계를 맺어 다시 전쟁이 일어나지 않도록 해야 했다. 그리하여 마침내 1604년 6

월에 유정을 일본에 보냈는데 이것은 정식 통신사가 아닌 개인
자격이었다. 그는 벼슬아치도 데리고 가지 못하고 통역 두 사람
만 거느리고 갔다. 이때 실록 기록자인 사신은 이렇게 썼다.

> 불공대천지 원수와 교호를 맺는 것도 수치스러운데, 일개 중이
> 그 일을 이루려 하니 고기를 맛본 중의 죄가 비루하다 할 만하다.
>
> 『선조실록』 34년 6월조

이 기록은 조정의 처사를 나무라는 것인지, 유정을 얕보는 것인
지 분간이 안 된다.

유정은 일본에 건너간 지 1년이 다 돼서야 교섭의 순조로움을
전해왔고 도쿠가와 이에야스와 우호관계를 맺어, 3천여 명의 포
로를 귀환시켜 주겠다는 약속을 받아내고 돌아왔다. 그는 그곳
에서 벼슬아치 또는 지식인들에게 불법을 말하기도 하고 문학과
예술을 전하기도 했다.

이런 그의 활약을 두고 당시 민중들은 이적을 보인 많은 일화
를 퍼뜨렸고 썩은 선비들은 "묘당의 정승은 어디에 있는지, 국가
의 안위가 도통한 중의 손에 달렸구나"라는 시를 짓기도 했다.
이렇게 해서 2백여 년 동안 통신사를 교환하며 두 나라는 평화
를 유지하게 되었다.

# 감연히 구국의 길에 나서다

그는 만년을 해인사 앞에 작은 암자 하나를 짓고 그곳에서 조용히 지냈다. 그리고 마지막 일로 제자들을 길러냈다. 분명 그는 나라가 위태로울 적에 감연히 구국의 길에 나섰고 전쟁이 끝난 뒤 평화를 위해 헌신했다. 그리고 직접 전쟁에 나가 살상하기를 꺼렸고 이런 인품이 좋은 결실을 거두었던 것이리라. 그런데도 유자 출신의 벼슬아치들은 그에게 벼슬내리는 것을 지탄하고 나섰고, 일본과의 우호라는 사명을 띠었을 적에도 개탄을 토해냈으며, 산속에서 염불이나 일삼는 오활한 중들은 그의 실천적인 삶과 중생구제의 행동을 두고 명리승이라고 얕보았다.

하지만 문사인 허균은 그를 남달리 존경했다. 허균은 그에게서 때로는 인생을 배우기도 하고 때로는 불교의 가르침을 얻기도 했다. 그런 탓으로 그가 죽자 그의 제자들은 그의 행적을 담은 비문을 허균에게 지어 달라고 부탁했고 허균은 정성을 다해 명문의 비문을 엮었다.

그런데 그가 거처했던 홍제암 앞에 세웠던 석장비는 비가 세워진 지 3백여 년 뒤에 수난을 겪었다. 일제는 식민지 통치를 하면서 그 비석에 일본을 굴복시킨 내용이 적혀 있어 민족정신의 표상이 될 것을 염려하여 네 동강을 내서 땅에 묻었다. 이 일을 맡았던 해인사 주지 이회광은 두고두고 오명을 씻지 못했다. 호국불교가 때로는 지배세력의 도구가 되긴 했으나 우리는 유정에게서 호국불교의 참 구현자를 보게 된다.

# 경허



## 한국불교의 운명을 가른 출가

경허鏡虛(1849~1912)의 초상화가 전해진다. 그의 외모를 뜯어보
노라면 곱슬머리에 검은 수염을 드리우고 있다. 마치 동네의 부
랑아나 무뢰배로 보일 수도 있다. 실제로 그는 키가 육척장신이
었고 손과 발이 컸다고 한다. 그래서 장터에서 파는 짚신이 발에
맞지 않아 손수 짚신을 삼아 신었으며 나들이를 할 때에는 주장
자 끝에 짚신을 달고 다녔다 한다.

그런데도 그는 세속적 재주를 많이 지니고 있었다. 많은 시를
남긴 시인이었고 글씨를 잘 쓰는 명필이었으며 유학과 노장에
해박한 학자였다. 또한 많은 제자를 기른 학승과 선승을 겸한 스
승이었다. 그런데 그의 진가는 정작 다른 데에 있었다. 그의 진

경허 초상　경허는 온갖 기행을 저지른 중이었으니 그에게는 많은 비판이 따랐다. 그러나 경허는 아랑곳하지 않고 기행 속에 불립문자라는 선의 오의를 알리고 무애행을 실천했다.

가를 들어보자.

불교사상사를 수놓은 수많은 별 가운데 붓다정신을 가장 온전히 구현한 크나큰 별이 바로 '길'의 성현 경허이다. 1,600여 년의 한국불교를 대표하는 대성현이요 한국 근대선을 대표하는 대선사요 동시에 원효와 더불어 원효와 노닐 수 있는 대자유인이요 대시인이다.

한중광 『경허─부처의 거울 중생의 허공』

현대에 쓰인 이런 평가는 과장된 것 같다. '대성현', '원효와 더불어……' 등의 표현이 지나친 것은 아닐까?

한편 한용운은 경허의 제자 송만공이 가져다 준 경허의 시문 집을 읽어보고 그의 저술을 이렇게 평가했다.

> 그 저술이 다만 시문에만 세련된 것이 아니라 대체로 선문과 법어의 깊은 뜻과 묘한 글귀로써 혹은 술집과 저자거리에서 읊조렸으며 세속에 빠지지 아니하고 혹 빈산에서 붓을 들되 비바람, 눈보라 휘몰아치는 세간에서 벗어난 것만도 아니어서 종으로 횡으로 끝없이 힘차고, 생소하거나 숙달되었거나 상관없이 문장마다 선이요 구절마다 법이어서, 그 법칙의 여하를 막론하고 실로 일대 기이한 문장이며 기이한 시송詩頌이로다.

『경허선사문집』

그럼 이제부터 그의 행적과 사상을 알아보자. 그는 전주 자동리에서 몰락한 양반 송두옥과 어머니 밀양 박씨 사이에서 둘째 아들로 태어났다. 아버지는 그가 어렸을 때 죽었는데 벼슬아치들의 수탈에 분노하여 울화병으로 죽었다고 전한다. 그는 몰락한 양반의 후예였다. 그가 자랄 시기는 부정의 문벌정치가 횡행하고 삼정이 분란하던 때였으니 그럴 개연성이 있을 것이다.

출가 동기는 아리송하다. 그의 출가 동기를 두고 그의 전기를 쓴 한중광은 "아버지의 죽음으로 인해 갖게 된 생사에 대한 근본적인 문제의식이 출가의 동기라 할 수 있다"(한중광 『경허-부처의 거울 중생의 허공』)고 했지만 과연 그럴까? 우선, 어머니의 불심이 두터웠다고 하니 어머니의 권유로 출가를 했을 수 있고 형이 이미 마곡사로 출가하고 있었으니 그 영향일 수도 있을 것이요 더욱이 흔히 그랬던 것처럼 가난한 살림에 식구 하나라도 덜기 위해 출가했을 수도 있다.

그는 아홉 살에 어머니의 손에 이끌려 경기도 의왕 땅에 있는 청계동의 청계사에 출가하게 된다. 그의 은사는 그다지 이름을 떨치지 못한 평범한 승려 계허桂虛였다. 어머니는 청계사에서 경허와 한동안 같이 살다가 형인 태허泰虛가 서산 천정암 주지로 가게 되어 그곳으로 옮겨갔다.

사미승 경허는 스승을 시봉하면서 호된 수행과정을 겪었다. 땔나무를 하고 물을 긷고 밥을 하느라 14세까지 글을 배우지 못했다 한다. 어느 선비가 청계사로 와서 한철을 보내게 되었는데 그 선비는 경허에게 『천자문』, 『통감』 같은 책을 가르쳤다. 경허가 하도 총명해 선비의 눈에 들었다. 선비는 여름을 보내고 떠나면서 계허에게 "이 아이는 큰 인물이 될 재주를 지니고 있으니 큰 절로 보내 글을 배우게 해야 한다"고 당부했다. 마침 계허가 환속할 때 경허에게 추천글을 써주면서 계룡산 동학사에 주석하는 만화萬化에게 가라고 일렀다.

당시 강백講伯으로 이름을 떨친 만화는 어린 경허를 제자로 받아들였다. 경허는 다른 사미승들과 함께 불경을 배우고 외전도 익혔다. 그는 남달리 열심히 공부하지는 않았다. 그저 느리지도 급하지도 않게 놀 때는 놀고 글 읽을 때는 읽는 정도였다. 그런데도 진도는 대단히 빨라 다른 이들을 놀라게 했다. 그는 만화 강백의 해박한 지식을 9년 동안 모조리 습득했다. 그의 명성은 승려들 사이에 널리 퍼졌다.

## 선승으로 다시 태어나다

그의 나이는 기개가 발랄할 23세가 되었다. 그는 이때부터 동학사에서 개강을 했다. 그러자 사방에서 학인들이 몰려들었다. 이렇게 8년을 보냈다. 그의 명성은 스승 만화를 앞지르고 있었다. 청년의 나이에 고승의 반열에 들어선 것이다.

그는 31세 때 환속한 옛 스승 계허를 찾아뵙고자 길을 떠났다. 그런데 갑자기 폭풍과 소낙비를 만났다. 그리하여 어느 마을에 들어가 비를 피하려 했는데 마을사람들이 모두 거절했다. 당시 염병이 돌아 나그네를 받아들일 수 없었던 것이다. 그는 이 말을 듣고 죽음의 벼랑에 다다른 듯 마음이 떨렸고 문자 공부가 생사를 면치 못함을 깨닫고 곧바로 절로 돌아왔다.

그는 학인들을 모조리 내보내고 문을 닫은 채 참선에 들었다. 이렇게 석 달을 보냈다. 한용운은 그를 두고 "이때부터 육신을 초탈하여 작은 일에 걸리지 않고 마음대로 자재해 유유자적하였다"고 했다. 다시 선승으로 태어났다는 뜻일 것이다. 그는 홍주(홍성) 천장암으로 옮기고는 전등을 밝히면서 자신을 청허淸虛(서산대사 휴정)의 12대손이라 했다. 청허의 맥을 이었음을 표방한 것이다. 이는 자신이 한국불교의 의발(정통)을 이었음을 뜻한다.

그 뒤 그는 25년쯤 충청도, 경상도 등지의 절을 찾아다녔다.

그가 주로 주석한 절은 서산의 부석사, 합천의 해인사, 동래의 범어사 등이었는데 고승으로서 그 절에서 법주 노릇을 했다. 그는 존대를 받으면서 많은 설법을 했고 제자를 길렀다. 이 시기에는 아주 안일한 생활을 했을 것이다. 이런 생활에 싫증이 났을까, 새로운 회의가 일었던 것일까?

그는 현실의 안주를 훌훌 벗어버리려고 제2의 출가라는 중대 결의를 다진다. 1903년 겨울, 해인사에 머물고 있을 때 제자인 방한암方漢岩에게 자신을 두고 "꼬리를 진흙 가운데 끌고 다니기를 좋아하는 사람이다"라고 일러주었다. 그러고는 다음해 봄에 천장암으로 가서 송만공의 깨우침을 인정하고 만공이라는 법호와 전법게를 주고 "불조의 혜명을 그대에게 이어가도록 당부하노니 부디 믿어 잊지 말라"고 당부했다. 만공은 담뱃대와 쌈지를 스승에게 이별의 선물로 바쳤다.

경허는 북쪽으로 발길을 돌렸다. 그의 나이 59세. 그는 홀연히 오대산 월정사에 들어 석 달을 머물면서 『대방광불화엄경大方廣佛華嚴經』의 법문을 부탁 받았다. 그의 법문은 이러했다.

'대' 라, 대들보도 대요, 댓돌도 대요, 대가사도 대요, 세수대도 대요, 담뱃대도 대니라. '방' 이라, 큰방도 방이요, 지대방도 방이요, 질방도 방이요, 동서남북 사방도 방이니라. '광' 이라, 쌀광도 광이요, 찬광도 광이요, 연장광도 광이요, 광장도 광이니라. '불' 이라, 등잔불도 불이요, 모닥불도 불이요, 촛불도 불이요, 화롯불도 불이요, 번갯불도 불이요, 이불도 불이요, 횃불도 불이니라. '화'

라, 매화도 화요, 국화도 화요, 탱화도 화요, 화병도 화요, 화살도
화요, 『화엄경』도 화니라. '엄'이라, 엄마도 엄이요, 엄살도 엄이
요, 엄명도 엄이요, 엄정함도 엄이요, 화엄도 엄이니라. '경'이라,
면경도 경이요, 구경도 경이요, 풍경도 경이요, 인경도 경이요, 안
경도 경이니라.

한중광 『경허―부처의 거울 중생의 허공』「화광동진」

## 선승 경허에서 훈장 박난주로

그는 혼자 금강산 일대를 순례했다. 그의 발길은 금강산의 봉
우리, 만폭동, 해금강, 장안사, 유점사 등 모든 유명 사찰로 이어
졌다. 그리고 179편의 기행 시가를 남겼는데, 이는 오늘날까지
전해지고 있다. 이때 그는 아마도 이 기행시를 남에게 보여주기
위해 베껴 모아두었을 것이다.

그리고 안변 석왕사에 한동안 머물렀다. 그런 뒤에는 어찌된
영문인지 국경지대의 오지인 갑산 강계로 스며들어 자취를 감추
었다. 이 무렵은 1905년 을사조약으로 외교권이 박탈되어 나라
가 껍데기만 남고 반식민지 상태로 전락한 끝에 1910년 마침내
국권을 상실한 시기였다. 이런 시대상황을 고민한 탓에 환속해
은둔의 삶을 찾은 것일까?

승려 경허는 성을 박(어머니의 성을 따른 듯), 호를 난주蘭洲라 하고
상투를 튼 뒤 선비의 관을 쓰고 때로는 저자에서, 때로는 주막에

서 떠돌다가 훈장노릇을 했다. 절에서 목숨을 이은 것이 아니라 서당을 생계를 잇는 터전으로 삼았다. 그가 북쪽으로 간 뒤 행방이 묘연하자, 그를 미워하던 사람들은 시봉을 죽이고 도망쳤다고도 하고 "경허는 마구니다"고 지탄하기도 했다.

이에 대해 한용운은 "바라문의 몸을 나타내어 만행의 길을 닦아 진흙에 뛰어들고 물에 뛰어들면서 인연 따라 교화하였다"고 했다. 하지만 이것은 그의 환속과 무애행을 지나치게 불교적 관점에서 풀이한 것은 아닐까?

그가 훈장노릇을 하게 된 내력이 심상치 않았다. 그의 발길이 강계에 이르렀을 때였다. 강계 장평동을 지나다가 우물에서 물을 길어오는 아낙을 만났는데, 대뜸 다가가서 입술에 뽀뽀를 하는 따위로 희롱을 했다. 이를 본 대여섯 명의 청년들이 몰려와 그에게 뭇매질을 해댔다. 그는 아무 말 없이 얻어맞기만 했다. 길 가던 김탁이 이 모습을 보고 놀라 청년들을 겨우 뜯어 말리고 말을 걸었다. 그러자 그는 이렇게 말했다. "이 미친놈아, 할 일이 없으면 가던 길이나 갈 것이지, 네 이놈, 어찌 쓸데없는 참견을 하는고."

이 대답을 들은 김탁은 불쾌했지만 범상한 인물이 아님을 알고 말했다. "어른을 몰라 뵈어 송구합니다. 괜찮으시면 제 집으로 가시겠습니까?" 김탁은 지사로 상식이 있는 사람이었다. 그는 박난주가 읊는 시와 법담을 듣고 그를 스승처럼 모시게 되었고 그의 부인도 정성스레 그를 접대했다. 김탁은 그에게 서당을 열어주고 아이들에게 글을 가르치게 주선했다.

　그의 서당에는 주변의 많은 선비들이 몰려들었고 자리가 열리면 술과 담론이 펼쳐지고 시들이 쏟아졌다. 그는 이들과 어울려 주변의 경관을 돌아보면서 시를 토해냈다. 그런데 그들의 시에는 나라를 걱정하는 우국의 시구들이 자주 보인다. 몇 구절을 보자.

(1) 시국에 마음을 쏟은들 종시 운수일세
　　좋은 때 틈타 짙은 술 기울여 보세

(2) 집을 그리다가 머리털 더욱 희어졌고
　　나라 근심하는 작은 마음, 늙어서 더더욱 붉어졌네

(3) 벗이 와 서로 위로하여 정이 넘치지만
　　세상 근심하는 작은 마음, 잠시 미루어 잊어보세

(4) 흉년 걱정에 맛있는 음식도 삼켜 내리기 어렵고
　　나라 걱정에 등나무 평상에 누워도 편안치 않네

『경허선사문집』

　이 우국의 시구들은 국경지대 사람들과 어울려 시로 화답할 때 자주 나타나고 있다. 그러니 나라의 외교권이 넘어가고 군사 경찰권을 넘겨주어 끝내 병합이 되는 사정을 두고 비록 몸을 떨쳐 의병에 가담하지는 않았으나 우국의 충정만은 때때로 토로했던 것이다.

## 열반이 아닌 속인의 삶을 선택하다

그는 경승지를 둘러보고 많은 기행시를 남겼다. 때때로 술을 마시고 주옥같은 시를 토해냈으나 바둑, 장기를 두면서 한가한 나날을 보내며 유유자적한 모습도 보였다. 그의 시 「바둑 두기」를 보자.

> 바둑 노름 구경하며 즐기는 것 글 보기보다 낫구나
> 어찌 상산商山의 네 신선만 그렇게 즐겼으랴
> 땅을 넓히려는 천의 병사들은 학처럼 한가로운데
> 포위된 지경이 무너지면 그물에 걸려 뛰는 고기와 같네
> 손가락 끝에 점점이 강 기러기 내리고
> 판에 올려 울리는 땅땅 소리 밤비 퍼붓는 소리
> 들이받고 둘러싸는 것 그대 말하지 마소
> 지루하고 무더운 여름날을 보내는 데는 진실로 여유 있네
>
> 『경허선사문집』

그는 67세 되던 해 4월 25일 갑산의 웅이방 도하동에서 서거했다. 결코 일찍 죽은 것이 아니요 살 만큼 살았다. 경허의 제자 수월의 추적으로 그의 마지막 생애가 세상에 드러났다. 수월은 스승처럼 떠돌다가 북쪽으로 발길을 돌려 강계 자북사에서 한동안 머물렀다. 그리고 강계에서 탁발을 하다가 우연히 경허의 소문을 들었다. 수월은 댓바람에 김탁의 집으로 달려갔고 그곳에

서 경허가 갑산 도하동에서 서당을 열고 있다는 말을 들었다.

　수월이 도하동 서당에 찾아드니 방 앞 댓돌에 짚신 한 켤레가 놓여 있었다. 수월이 간절하게 불렀다. "스님 안에 계시옵니까?" 라고 세 번을 부르자 그제야 답이 있었다.


　"거기 뉘시오."

　"저 수월이옵니다."

　"난 그런 사람 모르오. 사람을 잘못 찾은 듯싶소. 그러니 가던 길 이나 계속 가시오."

한중광『경허─부처의 거울 중생의 허공』「열반」

수월은 그 뜻을 알아차리고 짚신 한 켤레를 정성껏 삼아 댓돌 위에 놓고 물러 나왔다. 수월은 그 주변을 떠돌아 다녔다. 그동안 경허는 노구를 이끌고 백두산에 올랐다. 마지막 여행이었다. 백두산에서 돌아온 뒤 자신을 찾아온 김탁에게 "여보게, 내가 죽거든 이 담뱃대와 쌈지를 함께 묻어주오"라고 당부했다. 이어 그는 열반송이라 할 글귀를 손수 써서 남겼다.


　심월이 외롭고 둥그니 빛이 만상을 삼켰구나

　빛과 경계 모두 잊으니 다시 이것이 무슨 물건인가?

『경허선사문집』


　김탁 등 마을사람들은 경허의 장례를 유교식으로 거행하고 시신을 무덤에 안장했다. 수월은 스승의 열반을 1년 뒤에야 전해 듣고 편지로 예산 정혜사에 머물고 있는 만공에게 알렸다. 만공이 달려가 관에서 담뱃대와 쌈지를 꺼내 시신과 함께 다비식을 가졌다.


## 수많은 일화를 남기고

경허에 관한 일화를 몇 가지 소개한다. 이 이야기들은 진성 스님이 그의 문집 내용을 옮긴 『진흙 속의 울음』에서 발췌했다. 이 일화들은 선승이요 기인인 경허의 모습을 잘 드러내준다.

그가 동학사 강사로 있을 때였다. 당시 많은 학인들이 그곳으로 몰려들었다. 그는 이들을 뿌리치고 조용한 수도처를 찾아나서 서산의 천장암을 보임처로 삼았다. 지고 온 바랑에서 옷 한 벌을 꺼내 솜을 놓아 두툼한 누더기 한 벌을 손수 지어 입었다. 공양을 받아드는 시간이나 소변, 대변을 보는 일 말고는 한 자리에 앉아 움직이지 않았다. 얼굴을 씻거나 양치질을 하거나 목욕을 하는 일조차 없었다.

언제나 가부좌를 틀고 앉아 있었다. 잠을 자려 눕거나 벽에 기대는 일도 없었다. 사람들이 몰려와 떠들어대도 귀로 말을 듣지 않고 눈으로 보지도 않았다. 그야말로 숨 쉬는 부처상이었다. 이렇게 면벽 1년을 보냈다.

1년 동안 몸도 씻지 않고 옷도 갈아입지 않아 땀에 찌든 누더기에 냄새가 진동하고 머리와 몸에는 이가 들끓어 싸락눈이 내린 듯했다. 어떤 사람은 이를 보고 두부 짠 비지를 온몸에 문질러 놓은 듯하다고 했다. 목욕을 하지 않은 탓인지, 이가 뜯은 탓인지, 온몸에 상처가 났어도 긁거나 간지러워하지 않았다. 1년 내내 좌선에만 열중했다.

한때 경허가 천장암에 있을 때였다. 어느 날 대중을 모아놓고 어머니를 위해 설법을 할 테니 모시고 오라고 일렀다. 어머니는 몸을 단장하고 큰 방에 들어가 향을 피우고 정성을 다해 경의를 표하면서 "나를 위해 법문을 한다 하니 이루 말할 수 없이 기쁘구나"라고 했다.

그런데 경허는 잠시 바라보다가 옷을 주섬주섬 벗고 알몸으로 "어머니, 저를 보십시오"라고 말했다. 모두들 놀랐지만 어머니는 "대체 무슨 법문이 이러냐? 별 발칙한 짓을 다 하는구나"라고 말하고 법석을 박차고 났다.

경허는 이를 보고 "저래 가지고 어찌 어머니 노릇을 한단 말인가? 내가 어려서는 이 몸을 벌거벗겨 씻기고 안고 빨고 하시더니 지금은 왜 그렇게 못하시나. 세상 풍속 참 한심하다"라며 웃었다.

어느 날 제자 만공과 함께 탁발을 나섰다. 젊은 만공은 탁발로 얻은 곡식을 가득 넣은 바랑을 지고 걸으면서 힘겨워했다. 이를 본 경허가 갑자기 동네 물 긷는 여인을 보고 달려가 뽀뽀를 해댔다. 여인이 비명을 지르자 동네 청년들이 몽둥이를 들고 몰려와 두 중을 쫓아왔다. 둘은 냅다 뛰었다.

한참을 뛰다 청년들의 모습이 보이지 않자, 경허가 만공에게 "힘이 부친다더니 무거운 짐을 지고 어찌 그리도 잘 뛰느냐"고 했다. 만공은 그제야 스승의 가르침을 알아차렸다. 일체유심조였다.

그가 해인사 조실로 있을 때였다. 어느 날 나들이를 나갔다가 한 여인을 데리고 와서 조실에서 밤낮으로 함께 거처했다. 제자 만공이 이를 감추려고 문 앞을 지키면서 사람들이 찾아오면 "스님께서 주무십니다"라고 말하고는 돌려보냈다. 며칠 뒤 궁금하여 엿보니 경허는 그녀의 팔을 베고 몸에 다리를 걸친 채 곤하게 자고 있었다.

그런데 만공은 이를 자세히 들여다보다가 놀라마지 않았다. 여인의 코와 눈은 분간할 수 없을 정도로 문드러져 있었고 손가락도 떨어져 없었으며 걸친 옷은 고름과 오줌에 절어서 올이 보이지 않을 정도였다. 송장 썩은 냄새가 진동했다. 만공은 순간 스승의 법력에 감동해 움직이지 못했다. 그 후일담은 전해지지 않는다.

경허는 재를 지낼 음식을 구경 온 아이들에게 모조리 나눠주어 스님들이 낭패를 보기도 하고 기근에 시달리는 화전민들을 위해 탁발을 해서 양식을 대기도 했다. 그리고 술에 취해 도량을 드나들었으며 발가벗은 채로 법당을 휘젓고 다녔고 고기는 가리지 않고 먹었다. 게다가 가는 곳마다 여인들을 희롱하고 입을 맞추며 주물렀다.

이렇게 온갖 기행을 저지른 중이었으니 꾸지람도 많이 따랐으나 그는 아랑곳하지 않았다. 이런 일화에는 불립문자라는 선의 오의를 알리거나 무애행의 실천, 그리고 자비행의 모습을 그리고 있다.

그는 분명히 환속했다. 이를 두고 한용운은 만행이라 했으나 필자가 보기에는 승복을 벗고 머리를 기르고 장례도 다비를 하지 않은 걸로 보아 속인 그대로였다. 그의 말년의 시구들 속에는 선을 노래하거나 부처를 찬양한 내용을 찾아보기 힘들다. 그는 왜 환속했을까? 불교에 회의를 느껴서일까, 좀 더 근원적인 문제에 몰두해서일까?

하지만 그의 제자들은 그의 설법과 선시를 두고 그를 조선 말기 선풍을 진작시킨 '근대 선맥의 중흥조'로 받들었다. 그리하여 민간에서도 그를 조선 말기 불교계를 이끈 고승으로 받들었다. 그리고 그를 두고 신라사회를 질타한 원효, 고려 승려사회에 새 바람을 일으킨 지눌, 조선 중기 침체의 불교계를 이끈 청허와 비교를 한다.

하지만 그는 단편적 선시를 남겼을 뿐 불교의 중흥을 위한 저술을 남기지는 않았다. 그리고 나라가 위기에 처한 시기를 살면서 우국의 시구는 남겼으나 호국불교에 앞장서지 않았다. 여기서 반론을 제기할 의도는 없으나 그에 대한 이러한 평가는 너무 과장된 것으로 보인다.

다만 송만공, 방한암 등 많은 고승을 길러낸 공로는 크다. 송만공과 방한암은 항일투사인 한용운과 남다른 친분을 가지고 친일불교에 동조하지 않았다. 또한 한용운은 송만공이 수집한 경

허의 시문집을 간행하면서 서문과 약보略譜를 써서 기렸다. 이로
인해 그의 명성은 설화로만 전해진 것이 아니라 시문을 통해 더
욱 빛을 보게 되었던 것이다.

# 3부

# 초월의 꿈
# 민중의 신화 도교

정염·정작 / 이지함 / 서기 / 남사고 /

이지함이 지은 『토정비결』은 한 해의 신수를 미리 알아보는 책으로 민중의 사랑을 받았지만 그 근본 뜻은 상공업을 천시하는 풍토를 고치고 귀천을 가리는 사회를 꾸짖으며 나태를 막고 근면을 권장하면서 민중들에게 한 가닥 위안을 주려는 동기에서 이루어진 것이다.

# 정염·정작
### 신선이 되어 난세를 등지다

## 출세를 버리고 은자의 삶을 택하다

예전에 일민逸民이라는 말이 있었다. 세상을 다스릴 만한 학문과 덕행이 있으면서도 세상을 등지고 산 사람을 두고 하는 말이다. 그들은 왜 그랬을까? 세상이 어지러우니 그 속에 뛰어들면 생채기를 입을 것 같고, 세상이 더러우니 그 속에 묻히면 때가 묻을 것이기에 아예 혼자 자족한 삶을 누린 것이다.

이런 사람들로는 중국에서는 죽림칠현竹林七賢이 있었고 우리나라에서는 김시습이나 전우치田禹治 같은 인물이 있었다. 여기서 이야기하고자 하는 두 형제도 많은 일화를 남기고 삶을 마친 일민이다. 곧 북창北窓 정염鄭磏(1506~49)과 고옥古玉 정작鄭碏(1533~1603)이다.

조선왕조가 중기로 접어들면서 연이어 사화가 일어났다. 사림 출신의 벼슬아치들이 이리저리 걸려 떼죽음을 당했다. 이 마지막 사화가 이른바 을사사화, 곧 왕의 외척이 되는 윤씨들이 각기 인종과 명종의 왕위계승을 둘러싸고 서로 반대파를 죽인 것이다.

정순붕鄭順朋도 척족 윤원형에게 가담하여 사림들을 탄압한 장본인이었다. 그는 스스로 권력을 잡고 정승의 반열에 올랐다. 그를 세상 사람들은 간신이라고 했다. 정염과 정작은 바로 정순붕의 아들이다.

정순붕이 한창 음모를 꾸밀 적에 정염은 40대, 정작은 20대였다. 그들은 아버지가 하는 일을 목격했고 더욱이 권력을 잡기 위해 온갖 술수를 부리는 사람들이 하는 짓을 익히 알았다. 정염은 때로 아버지에게 "그 사람을 죽이면 아버지는 만세에 죄를 얻을 것입니다"라고 간하기도 하고 아예 그런 일에 끼어들지 못하게 만류했다. 그리하여 아버지에게 미움을 받았다. 이를 빌미로 삼아 정염의 또 다른 아우가 아버지를 꼬드겨 그를 해치려 하기도 했다.

이에 정염은 몸을 피해 과천의 청계산과 관악산 등지에서 약초를 캐며 살았다. 그는 한때 포천현감을 하다가 병으로 사직했다지만 핑계일 것이다. 아버지의 권세를 업고 고관대작을 누릴 수도 있었으나 죽을 때까지 가족을 양주의 괘라리에 옮겨두고 자신은 몇 해쯤 산속에서 살다가 신선이 되어갔다.

정염의 막내아우로 스물일곱 살이나 차이가 나는 정작도 형의 행적을 본받아 금강산에 들어가 도가의 글을 읽으면서 살았다.

그는 상처를 하고 난 뒤 36년 동안을 홀아비로 살면서 많은 시를 남겨놓고 병도 앓지 않고 앉아서 죽었다 한다. 이 역시 신선의 죽음을 방불케 한다.

그런데 정순붕은 어떻게 죽었는가? 남에게서 빼앗아온 계집종 갑이는 정순붕의 침실 곁에서 온갖 비위를 맞추며 두터운 총애를 얻었다. 그러고는 염병으로 죽은 시체의 팔뚝을 잘라 주인의 원수를 갚기 위해 정순붕의 베개 밑에 몰래 넣어두었다고 한다. 그리하여 정순붕은 염병에 전염되어 죽었다고 한다(『지봉유설』). 비록 떠도는 말이지만 아버지와 아들의 죽음에 대한 말이 이렇게 다른 것은 어떤 뜻을 지니고 있겠는가?

정염은 어릴 적부터 온갖 것에 뛰어난 재주가 있었다고 한다. 열네 살 적에 중국에 갔는데 배우지도 않은 중국어는 물론, 유구어까지 구사하여 『주역』, 『참동계』 따위의 어려운 책을 가르쳤다고 한다. 그리하여 천인天人이라는 별명을 얻었다.

그는 산속에서 지낼 적에 새와 짐승의 소리를 모두 알아들었다고 한다. 새들이 지저귀는 소리를 풀이해서 산속에 사는 사람들의 집에 잔치가 났는지, 초상이 났는지 등 무슨 일이 있는지 환하게 알았다고 한다.

어느 때인가는 금강산에 가서 휘파람을 불었는데 그 소리가 골짜기를 타고 가다 어느 중이 들었다. 중은 이 소리가 젓가락 소리라고 생각했는데 나중에 정염의 휘파람 소리인 것을 알고 크게 놀랐다고 한다. 이렇게 그는 산수를 누비며 노래를 불렀고 산속 사정을 환히 알면서 살았다. 하지만 술은 끊을 수 없었던 모양이다.

　어느 날 그는 자기가 죽고 난 뒤 으레 친구들이 지어줄 만사挽詞를 미리 지어 읊었다.

한평생 만 권 책을 다 읽고
하루에 천 잔 술을 다 마셨도다
까마득한 태곳적 이야기만 했지
세속 이야기 당초에 입에 담지 않았도다
안자는 서른에 죽어도 아성亞聖이라 불렀는데
선생의 목숨은 어찌 그리 길었는고

『연려실기술』「명종조 고사본말」

여기서 말하는 "하루에 천잔 술"은 과장한 것이겠으나 한 자리에서 몇 말 술을 비우고도 끄떡하지 않았다 한다. 그리고 무수한 책을 읽었으면서도 제자 하나 기르지 않고 마흔네 살에 죽었다. 앞의 만사로 보아도 세상에 오래 육신을 두는 것을 원하지 않았던가 보다. 그런데도 그는 도가의 신선술을 익혀 장생불사를 도모했다. 그리하여 『북창비결北窓秘訣』이라는 책을 남겼다. 아우 정작은 이런 형이 죽자 다음과 같은 시를 남겼다.

어이 어이 우리 형님 가셨네
어인 일이요 하늘에 묻고 싶네
글을 익혀 아성(안자)을 이었고

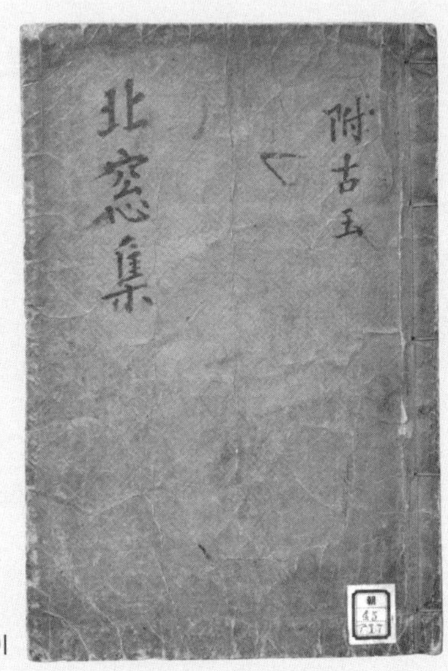



세상을 등져 신선이 되어 갔네

『고옥시집』

이런 형의 길을 동생도 그대로 따랐다. 비록 어린 나이나 아버지의 일을 보았고 아버지와 형의 죽음을 겪은 뒤 세상을 등지고 살았다. 그도 한때 성균관의 진사가 되고 이어 낮은 벼슬을 했으나 세상 사람들이 그를 '권신 정순붕의 아들'이라고 천하게 여기는 줄 익히 알았다. 그리하여 그는 금강산으로 들어가 도가의 수련에 몰두했다.

그가 형으로부터 배운 도가의 신선술을 실제로 실험할 계기를 얻은 것이다. 그리고 술사術師 박지화朴枝華에게서 익힌 도가의 비법을 쓸 계기를 얻은 것이다. 그는 중년에 아내를 잃었지만 끝내 다시 아내를 얻지 않은 채 욕慾을 끊고 도가수련에만 몰두했다.

이런 생활 속에서 많은 시를 남기고 글씨에도 정진했지만 무엇보다 빼놓을 수 없는 것이 술이었다. 한 잔 술에 취해 자연을 벗하고 두 잔 술에 취해 시를 토해내고, 서너 잔 술에 취해 주선酒仙이 되었다. 그리하여 그가 죽었을 적에 실록의 사관도 "세상 사람들이 그를 주선으로 일컬었다"고 썼고, 뒷날 오숙이라는 사람은 이들 형제를 두고 "세상일을 깡그리 잊고 시주詩酒 속에서 질탕하게 놀면서 부귀에 급급하지 않고 빈천에 조금도 얽매이지 않았다"라고 썼다. 당시의 사람들도 그들 형제를 찬탄해 마지않았다.

## 자족한 삶을 살다

대개 세도가의 아들은 아버지의 후광을 업고 세도를 더욱 누리려다가 폐가하는 것이 상례이다. 인간의 끝없는 욕심이 결국 죄악을 낳고 그 죄악으로 인해 파멸의 구렁으로 빠지는 것이다. 우리의 역사에서 흔히 보는 사례이다.

이들은 온갖 유혹과 제약을 걷어치우고 바른 삶을 위해 몸부림쳤다. 더욱이 유교사회에서는 "임금을 버릴지언정 아버지는 버릴 수 없다"는 기본 윤리가 있다. 이 형제는 잘못을 저지르는 아버지에게 간하다가 듣지 않자 끝내 그 곁을 떠나 자기의 삶을 찾았다.

흔히 도가의 신선술을 허황하다거나 은둔자가 찾는 것으로 잘못 알기 쉽다. 그러나 이것은 안분과 자족을 강조한 것이다. 실생활에서 이런 방법을 통해 인간의 생명을 연장하게 하는 비법을 일러주기도 한다. 정염은 『용호비결龍虎秘訣』이라는 책을 썼다. 이것은 수련을 통해 장수를 얻는 비법을 밝힌 것이다. 그는 이 책의 첫머리에서 이렇게 말하고 있다.

수련하는 방법은 지극히 간편하고 쉬운데도 지금 많은 책을 만들어놓고 또 그 언어가 지나치게 어려워 알기가 어렵다. 그리하여 고금의 학자들이 가장 손쉬운 방법을 알지 못하고 장생을 얻고자 하다가 도리어 요절하는 경우가 많다.

이는 도가에서는 장생하는 약을 독약으로 만드는데, 이것을 많이 복용하거나 잘못 만들어 먹고 죽게 되는 경우를 두고 하는 말이다. 그리하여 그 첫 방법으로 호흡조절법을 잘할 줄 알면 된다고 강조하면서 이렇게 썼다.

이제 호흡조절을 제대로 하려면 먼저 마음을 고요히 갖고 다리를 겹으로 포개고 고요한 곳에 단정히 앉는다. 그리고 눈을 아래로 깔아 코를 보고 코는 배꼽과 나란히 하고 숨을 들이쉴 적에는 가볍게 하면서 계속 신기神氣를 배꼽 아래에 머물게 한다…….

이런 손쉬운 방법을 여러 가지로 제시했다. 이 책이 민간에 퍼지면서 많은 사람들이 이용했다. 이 책은 누구나 이용할 수 있게 만든 입문서였다. 오늘날에도 신체단련에 이용되고 있다. 자기만이 알아 비전하지 않고 민중을 위해 밝힌 것이다.

이에 비해 정작은 허준과 함께 『동의보감』의 편찬에 참여했다. 그가 태의가 아닌 처지이면서 여기에 참여할 수 있었던 것은 이 방면에 뛰어난 학식 탓이었을 것이다. 『동의보감』의 「내경편內景篇」(내과에 속하는 사항)의 첫머리에 "도道는 그 정精을 얻고 의醫는 그 조粗를 얻는 것이다"라고 했다. 곧 「내경편」은 도가의 방법을 위주로 엮은 것임을 알 수 있다.

이 책의 편찬에 참여한 인물 중 정작이 도가의 술에 가장 밝았으니, 「내경편」이 정작의 손으로 이루어졌음을 짐작할 수 있다. 정작은 형으로부터 배운 신선술 또는 양생법을 실제로 활용하여 후세에 전한 것이다.

우리나라 도가의 맥은 김시습→정희량鄭希良→승 대주僧大珠의 계통을 이어 정염과 정작으로 내려왔다는 설이 있다. 대개 도가들이 흔적을 남기지 않는 데 비해 이들은 앞에서 본 바와 같이 민중을 위해 의술을 전해주었고 그것이 알게 모르게 우리의 조상들에게 큰 영향을 끼쳤다. 비록 속세에는 걸린 것이 많았으나 인생을 승화시킨 이들의 모습을 남겨 오늘의 우리에게 보여준다.

# 이지함
민중에게 전해준 교훈과 위안의 메시지

## 『토정비결』을 짓다

예전에는 설날만 되면 집안 식구나 동네 사람들이 옹기종기 모여 앉아 『토정비결土亭祕訣』을 보았다. 이런 모습은 새해를 맞이하는 풍습이라고 할 만큼 널리 퍼져 있었다. 사람이란 내일을 내다볼 수 없는 아주 커다란 약점을 지니고 있다. 그렇기에 장차 행운이 닥쳐올지 불행이 밀려올지 궁금하기 이를 데 없다.

농사짓는 사람은 흉년이 들지, 봇짐장수는 장사수가 좋을지, 또 돌림병이 돌아 급작스레 죽지나 않을지, 자녀의 혼인에 어떤 가문의 아들·딸을 택할지 등 모든 일이 궁금할 뿐이다. 이리하여 『토정비결』을 보아 적절히 대처하거나 양밥(잡귀를 물리치는 일)을 쓰는 일 따위를 찾기도 했다.

이것을 보는 법은 간단하지만, 순 무식쟁이는 못 본다. 집안이나 동네에서 글을 조금 깨친 사람이 주로 보아주었다. 남들이 보아줄 적에는 '복채'를 내야 효험이 있다고들 생각했다.

필자도 어릴 적에 글을 좀 읽어서 설이 닥치는 정초에는 『토정비결』깨나 보아주었다. 서울 변두리에 살 적에 어머님이 동네에 나가 "우리 아들이 『토정비결』을 잘 본다"고 선전을 한 모양이었다. 그래서인지 늙고 젊은 동네 부인들이 날을 잡아 우리 집 좁은 방에 몰려와 빽빽이 들어찼다. 나는 제법 목청을 돋우어 풀이를 해주었다.

그러면 부인들은 귀를 기울이다가 고개를 끄덕이기도 하고 가는 한숨을 쉬기도 했다. 그러나 '꾼'이 아니기 때문에 복채는 받지 않고 무료봉사를 한다고 했음에도 불구하고 모두 가고 나면 요 밑이나 방구석에 얼마 안 되는 돈들이 놓여 있었다. 복채를 내는 것이 수고의 대가를 치르는 일이자 효험을 제대로 볼 수 있는 것이라고 생각하기 때문에 굳이 복채를 놓고 간 것이다.

이렇게 많은 사람들에게 그토록 영향을 미치는 『토정비결』은 어떤 것이며 어떤 사람이 만들어놓은 것일까? 먼저 지은이에 관해서 알아보기로 하자.


## 나 좋을 대로 살 것이외다

토정土亭 이지함李之菡(1517~78)은 조선 중엽에 한산 이씨의 명

문 집안에서 태어났다. 본래 보령 출신이었지만 어릴 적에 벼슬살이를 하는 맏형 이지번을 따라 서울에 와 글공부를 했다. 광릉에 있을 적에는 몸을 돌보지 않고 공부에 심취했다. 그래서 주변 사람들이 몸이 상할까 걱정하여 등불 기름을 보내주지 않았다. 그러자 그는 도끼를 들고 관솔을 따다가 불을 피워놓고 자욱한 연기 속에서 밤을 새워 글을 읽었다 한다.

그렇게 열심히 공부한 끝에 그는 경서는 말할 것도 없고 제자백가에도 통달했다 한다. 그러나 과거공부는 통 하지 않았다. 어른들이 과거를 보아 출세하라고 성화를 부리면 마지못해 과거장에 나가서도 과거 글을 짓지 않고 나오거나 지어놓고 내지 않기도 했다. 사람들이 그런 그에게 왜 그러냐고 물으면 "사람들은 제각기 좋아하는 바가 있소. 나는 나 좋을 대로 살 것이외다"라고 대답했다.

그는 천문, 지리, 의약 등과 운수 보는 책, 점치는 책 같은 것에 열중했다. 얼마만큼 공부를 마치고는 지팡이 하나 짚고 전국을 떠돌아다녔다. 그리하여 서울에서는 이이, 성혼 같은 사람들과 사귀었고, 지방에서는 지리산 밑에 사는 조식, 성운 같은 학자들과 어울려 토론을 벌이기도 했다.

언젠가는 학문을 더욱더 다지기 위해 개성 화담으로 서경덕을 찾아갔다. 화담 선생으로 불리는 서경덕은 송악산 밑 화담에서 많은 제자들을 가르치며 세상일에는 눈길을 돌리지 않는 도인이었다. 이지함은 화담 옆에 방을 얻어 서경덕에게서 제대로 학문을 익히려 했다.

어느 날 밥을 붙여먹고 있는 집주인이 장사를 나갔다. 그러자 헌헌장부인 이지함의 기골에 홀딱 반한 주인의 아내가 밤늦게 그의 방에 들어와 온갖 아양을 떨며 교태를 부렸다. 그러나 이지함은 점잖게 부인을 달랬다. 그래도 교태를 멈추지 않자 인륜을 따져 나무랐다고 한다. 마침 집 안에 들어선 주인이 문틈으로 이 모습을 낱낱이 보았다. 그는 한걸음에 서경덕에게 달려가 이 사실을 고했다. 서경덕은 집주인 손에 끌려와 이 장면을 보게 되었다.

다음 날 이지함이 오자 서경덕은 손을 잡고 이렇게 말했다. "그대의 학업은 내가 가르치지 않아도 되겠네, 돌아가게" 이리하여 이지함의 학덕은 당대에 으뜸가는 스승에게서 인정을 받게 되었다. 그의 이름은 서울의 명사들은 말할 것도 없고 임금에게까지 알려졌다.

그가 1573년 쉰여섯 살이 되었을 적에 나라에서 탁행卓行의 이름으로 늦은 나이의 그에게 포천현감의 벼슬을 내렸다. 이것은 큰 특혜였는데도 사양하다가 마지못해 부임했다. 그가 부임할 적에는 베옷에 짚신 차림이었다. 저녁때가 되어 그럴듯하게 밥상을 차려 내오자 새 원님은 멀거니 밥상을 내려다보다가 먹을 것이 없다고 상을 밀어냈다. 사령은 더 거방지게 밥상을 차려 내왔다. 하지만 또 "먹을 것이 없구나"라며 밀어냈다. 밥상을 맡은 구실아치가 나와 잘못된 죄를 청하자 이렇게 말했다. "민생이 어려운데 모두 앉아서 먹으면서도 절제가 없구나."

그러고는 잡곡밥과 나물국 한 그릇씩만 가져오게 하여 맛있게 먹었다. 이런 원님 밑에서 구실아치들이 감히 부정을 저지를 수 있을까? 그는 "포천 땅에서는 곡식이 적게 나니 고기를 잡아 고을 경비에 쓰겠다. 그러니 그물이나 발 같은 것을 보내 달라"고 조정에 건의했다. 하지만 조정에서 아무런 조치를 취해주지 않자 이듬해 원님 자리를 버리고 집으로 돌아왔다.

만년에 또 한 번 조정에서 그에게 아산현감 자리를 내려주었다. 그는 부임하여 맨 먼저 백성의 가장 큰 고통이 무엇인지 알아보았다. 당시 아산 백성들은 양어를 번갈아 하여 관가에 고기를 바치고 있었는데 이 일이 백성들을 가장 괴롭히는 것임을 알고 양어장을 묻어버렸다. 그리고 가난한 사람들을 모아 장사도 시키고 기술도 가르쳐 생계를 꾸릴 수 있게 도와주었다. 늙거나 힘없는 사람들, 특히 고을 안의 거지들을 모아 짚신 따위를 삼게 하여 생계대책을 세워주었다. 이런 원님을 백성들은 부모처럼 섬겼다. 그러나 채 1년도 못 되어 그가 죽자 고을 백성들은 친부모의 초상을 당한 듯이 통곡했다.

어릴 적에는 형수가 지어준 두루마기를 입고 바깥에 나갔다가 거지들에게 두루마기를 벗어주고 들어온 적도 있었다고 한다. 고을 원살이를 하면서 남을 위하는 이러한 마음을 한없이 베푼 것이리라.


## 널리 기인으로 불리다

이지함은 능력 있는 사람이면 신분의 귀천이나 지위의 높고 낮음을 가리지 않고 깍듯이 대우했다. 그가 가장 존경한 인물은 전라도 땅에 사는 한 어부였다. 그 어부는 고기를 능숙하게 낚고 배도 잘 부렸다. 어느 때에 그가 잡은 고기를 딸이 시세보다 비싸게 팔았다. 그랬더니 아내가 "아버지께 야단맞는다"고 딸을 나무라며 받은 돈의 절반을 돌려주는 것을 보고 그들 식구를 존경하게 되었다. 그 뒤 그 어부를 다시 찾아보았으나 종적이 묘연하여 다시 만나지 못한 것을 안타까워하고 늘 그리워했다.

그는 같은 서경덕의 제자로 홀로 생활을 즐기며 은둔생활을 하는 서치무라는 이를 존경했고, 미천한 신분이나 재주가 뛰어난 서기에게 글을 가르치며 온갖 뒷바라지를 해주었다. 또한 전라도 좌수영의 한 통인이 글을 열심히 읽자, 관청의 명부에서 빼내 글을 가르치고 일가의 딸에게 장가들게 하고 집까지 마련해주었다 한다.

세상 사람들은 이지함을 기인이니 이인이니 하며 불렀다. 세상 사람들이 이렇게 부른 까닭은 충분한 근거가 있다. 그는 대지팡이 하나를 벗 삼아 방방곡곡을 누비고 다녔다. 그리고 밤낮을 가리지 않고 걷다가 졸음이 오면 두 손으로 지팡이를 잡고 몸을 의지해 고개를 수그리고 잠을 잤다. 이런 모습으로 잠을 잘 적에는 코고는 소리가 우레와 같았고 마소가 그 곁을 지나가다가 마주치면 도리어 물러섰다 한다. 이처럼 어떤 일이 있어도 꼼짝하지 않았고 잠을 깨지도 않았다고 한다.

보령에서 서울까지 걸어서 다닌다면 얼마나 멀까? 그런데도 그는 보령에서 아침 일찍 한 말 밥을 지어먹고 줄곧 걸어서 하루

이틀이면 서울에 닿았으며 피곤한 기색이 전혀 없었다. 그러니 세상 사람들은 그를 두고 축지를 한다, 차력을 한다, 도술을 부린다고 수군댔다.

그 시절에는 제주도에 드나드는 길이 여간 위험하지 않았다. 그런데 그는 작은 조각배의 네 귀퉁이에 큰 바가지를 주렁주렁 달고 세 차례나 제주도를 드나들었다. 이것은 이적을 보인 것이 아니라 그의 과학적인 사고에서 나온 방안일 것이다.

그의 성품은 천의무봉 그대로여서 남의 눈치나 체면 같은 것은 아랑곳하지 않았다. 어느 날 제주도에 다녀오는 길에 해남에 사는 벼슬아치인 이발李潑의 집을 찾아들었다. 며칠을 굶은 지라 몇 말의 밥을 해내오라고 소리쳤다. 밥이 들어오자 그는 수저를 제쳐둔 채 밥을 맨손으로 주먹만 하게 만들어 오른손으로는 밥을 입에 넣고 왼손으로는 반찬을 집어넣으며 순식간에 몇 말 밥을 다 해치웠다. 밤에 주인이 비단이불을 싸들고 들어와 함께 자며 담소를 나누고자 했으나 그는 한사코 혼자 자겠다고 했다. 주인이 아침에 일어나 방문을 열어보니 악취가 풍겼고 이불을 젖혀보니 똥, 오줌을 그득하게 싸놓은 채 떠나버렸다 한다. 이지함이 설사가 났는지, 아니면 벼슬아치 출신이 잘사는 꼴에 눈이 시어서인지 간다온다 한 마디 인사도 없이 떠났다.

그 길로 그는 여수의 전라좌수영으로 갔다. 수영이 있는 진남관 앞에서 그는 겨울인데도 홑옷을 입고 버선도 신지 않은 맨발로 짚신을 질질 끌며 머뭇거렸다. 문지기가 수상히 여겨 수사에게 고하자, 수사는 이지함임을 짐작하고 뛰어나와 맞이했다는 이야기도 있다.

어느 제주목사는 그의 높은 이름을 익히 들은지라, 그를 객사에 모시고 아리따운 기생에게 일렀다. "네가 만일 저 손님과 잠자리를 같이한다면 창고의 물건을 상으로 다 주겠노라." 그날 밤 기생은 온갖 아양을 떨었으나 이지함은 미동도 하지 않고 물리쳤다고 한다. 서경덕이 여색을 멀리한 가르침을 실천한 것인지도 모른다.

어느 때는 가난한 사람들을 모아 장사하는 법을 가르쳤고 손수 지휘하여 몇 년 안에 몇만 섬의 곡식을 창고에 쌓아놓았다. 그는 이 곡식을 빈민들에게 골고루 나누어주었는데, 빈민들이 떠나지 말 것을 간곡하게 부탁하며 부여잡은 소매를 뿌리치고 종적을 감추었다.

또 어느 때는 큰 집을 짓고 거지들을 모아 살게 하면서 글을 가르치기도 하고 장사하는 법, 쇠를 녹여 연장을 만드는 법 따위를 익히게 했다. 이것도 못하는 거지들은 따로 모아 짚신을 삼게 했다. 이렇게 몇 달을 지내니 가난한 이와 거지들은 모두 먹을 것, 입을 것이 넉넉해졌다.

그런가 하면 언젠가는 어느 섬에 들어가 박을 섬 가득 심었다. 박이 익자 모두 거두어서 저자에 내다 팔아 곡식을 사니 곡식이 몇천 섬이었다. 이 곡식을 마포로 실어 날라 마포의 가난한 사람들에게 나누어주고 나서 마포 빈민굴 한가운데 토굴을 짓고 밤에는 토굴 속에서 잠을 자고 낮에는 토굴 위에 나와 지냈다.

이때부터 마포 사람들은 그를 흙정자에 산다고 하여 '토정 선생'이라고 부르기 시작했다. 사람들은 이인으로 소문난 이지함을 이웃으로 삼은 만큼 집안에 무슨 일만 있으면 그에게 달려갔다. 그리고 혼인날을 잡아 달라거나 점을 쳐 달라거나, 처방을 해 달라거나 하며 온갖 일을 부탁했다. 이지함은 처음에는 웃으며 이들의 부탁을 들어주었다. 그러다 날이 갈수록 토굴에 사람들이 들끓자 일을 다 당해낼 도리가 없어 책 한 권을 만들어냈다.

## 민중에게 위안을 주는 책을 엮다

한 해 신수를 보는 책, 이것이 앞에서 말한 『토정비결』이다. 토정이 만든 비결이라 하여 마포 사람들이 붙인 이름이다. 『토정비결』은 육십갑자를 아는 사람이면 누구나 손쉽게 볼 수 있다. 육십갑자는 방위는 물론, 시일, 나이 등 모든 일상생활에 적용된다.

첫째로 그 해의 간지(태세라고 함)에 따라 해마다 매겨진 일정한 숫자와 나이를 합하여 8로 나눈 나머지 숫자(나머지가 없을 때는 8), 다음은 태어난 달의 수(음력으로 큰 달은 30, 작은 달은 29)와 태어난 달의 간지수(월건이라고 함)를 합하여 5로 나눈 나머지 숫자(나머지가 없을 때에는 6), 셋째로 생일의 수(15일생이면 15)와 생일의 간지(일진이라고 함)를 합하여 3으로 나눈 나머지 숫자(나머지가 없을 때에는 3), 이 셋을 세 단위로 한 것이 1년 신수의 숫자가 된다. 세 숫자가 모두 1이 나왔다면 '1·1·1'이 되는데 '1·1·1'에 가 찾아보면 앞에는 1년의 운수, 뒤에는 달의 운수가 적혀 있다.

『토정집』 이지함의 문집. 토정은 자기의 명리를 떨쳐버리고 오직 가난하거나 핍박받는 사람들을 위해 생애를 보냈다.

8로 나누는 것은 8의 제곱, 곧 '8×8=64'가 주역의 64괘를 뜻하며, 6으로 나누는 것은 6의 제곱 곧 '6×6=36'이 모든 방위를 뜻하며, 3으로 나누는 것은 3의 제곱 곧 '3×3=9'가 양수(홀수)의 가장 끝자리로 가장 좋은 수 9를 뜻한다. 이렇게 하여 '1·1·1'이 나왔으면 1년 운수로 '동풍해빙東風解氷, 곧 봄바람에 얼음이 녹으니, 고목봉춘枯木逢春, 곧 마른 나무가 봄을 만나도다'라는 내용이 나온다. 이 운수를 잡은 사람은 빙그레 웃음이 날 것이다.

그리고 '2·2·2'가 나왔다면 1년 운수로 '청천백일靑天白日, 곧 맑은 하늘과 환한 햇볕에, 음운몽몽陰雲濛濛, 곧 음울한 구름이 확 끼었도다'라는 내용이 나온다. 이 운수를 잡은 사람은 상을 찡그릴 것이다.

그리고 달의 운수에는 '이사를 함부로 가지 말라'거나 '서쪽으로 나다니지 말라'거나 '어렵다가도 귀인이 와서 도와준다'거나 '아무리 어려운 가운데라도 조심을 하면 풀린다'거나 하는 내용들이 있다.

그런데 1년 운수의 내용에는 하나의 음모라 할 구절을 여기저기에 깔아놓았다. 근면과 정직과 성실과 제 분수를 실행하고 지키라고 대목대목 엮어 넣은 것이다. 보기를 들어보자. '2·2·1'의 1년 운수에 '부지안분不知安分, 곧 제 분수를 알지 못하면 반위수상反爲殊常, 곧 도리어 수상하게 된다'고 하는 따위이다.

또 하나 강조할 것은 출세나 부자가 된다는 따위의 행운을 말하면서도 빈부나 귀만을 따지지 않는 내용들이 많다. 그리고 그 표현들이 대개 추상적이어서 이렇게 해석할 수도 있고 저렇게 해석할 수도 있게 만들어두었다.

이런 내용이 얼마나 맞는다고 보아야 할까? 얼마 전에 승려였다가 환속한 어떤 이가 『운수 보는 책』을 내놓고 인생의 운명이 그 책으로 결정되는 양 선전을 해대지만, 이것은 앞에서 말한 대로 장래를 알 수 없는 인간의 약점을 이용한 짓이라고 못마땅해하는 이들도 많다.

『토정비결』은 144항으로 분류되어 있다. 앞서 나온 방식에 따라 첫자리가 1에서 8까지이고, 가운데 숫자가 1에서 6까지, 그리고 끝자리 숫자가 1에서 3까지이다 보니 144항이 나온 것인데, 수많은 인종이 이 분류에만 맞게 운수가 정해져 있을까? 설령 비슷한 운명을 여러 사람이 가졌다 치더라도, 그리고 아무리 변용하는 수가 있더라도 산골에 사는 사람, 도시에 사는 사람에 따라 다를 것이요, 농사짓는 사람, 장사하는 사람, 정치하는 사람, 공부하는 사람, 간상 모리배나 정직한 예술가들의 행동반경이나 사고형태는 다를 것이니 더 말할 나위가 없다.

뒷세상에 이지함이 이 책을 만들 적에 너무 잘 맞으면 사람들이 일도 않고 이 책만 붙들고 있을 것이라고 하여 내용을 잘 맞지 않게 뒤섞어놓았다는 말도 전해진다. 이 말은 바로 『토정비결』을 보고 운수가 나쁘게 나오면 "조심하라는 뜻이야" 하고 웃는 사람도 있는데, 이 또한 시사하는 바가 있다.

근래 한 학자가 『토정비결』의 과학적인 분석을 시도했다고 하나 얼마만한 논리를 전개했는지는 모를 일이다. 이지함이 민중들에게 위안을 주고 재미를 주기 위해 이 책을 엮었던 만큼 오늘의 우리도 심심풀이나 다소의 위안을 얻기 위한 것으로 삼는 것이 좋지 않을까?

『토정비결』은 일생의 운명을 보는 『당사주』와 함께 민중의 사랑을 받아왔다. 이지함은 상수학(수리를 푸는 점 같은 것으로, 『주역』이 대표적인 책이다)에 밝은 학자였다. 그뿐만 아니라 음양학이나 도가의 글에도 정통했다. 그리하여 민중들이 서경덕을 신으로 모시듯이, 이지함 역시 민중의 우상이었다. 이런 모습은 앞에서 알아본 대로 자기의 명리를 떨쳐버리고 오직 가난하거나 핍박받는 사람들을 위해 생애를 보냈기 때문이다.

## 민중의 사랑을 받다

이지함의 일화 하나를 더 알아보자. 이지함이 어렸을 적에 어머니가 돌아가셔서 무덤을 바닷가 언덕에 잡았다. 그는 조수가 자꾸 밀려 오랜 세월이 지난 뒤에는 바닷물이 어머니 무덤까지 침식할 것을 내다보고 어렵게 돈을 모아 방축을 쌓았다. 어떤 사람이 아무렇지도 않은 무덤에 방축을 쌓는다고 비웃자, 이지함은 말했다.

사람의 힘이 미치거나 미치지 못하는 것은 따질 것 없이 힘이 있는 한 노력해보아야 할 것이오. 일이 이루어지거나 이루어지지 않는 것은 하늘에 달려 있는데 사람의 아들이 되어서 힘이 부족하다고 뒷날의 근심을 막지 않으리오.

그러고는 공력이 많이 드는데도 그 일을 그치지 않았다 한다. 이것은 바로 자연의 순리에 따라 장래를 내다본 것이요, 인간의 노력을 중시한 태도이다.

그는 벼슬을 하려 하지 않았고 자식들에게도 벼슬살이를 권하지 않았다. 그의 조카들이 영의정 같은 높은 벼슬자리에 많이 나아갔을 적에 이렇게 말했다. "오늘날에는 내 자손이 영락하지만 먼 훗날에는 번성할 것이로다." 그는 세상 돌아가는 사정에 따라 장래를 내다본 것이다. 그리하여 그 진부는 확실하지 않지만 자손들에게 이런 말을 남겼다고 한다.

뒷세상에 난리가 잦을 터이니 산과 들에서 살아라.

곧 벼슬살이를 하지 말라는 말로, 이 내용을 적은 『토정가장결土亭家藏訣』이라는 책을 은밀히 만들어주었다. 이 책은 오늘날까지 전해진다.

이지함은 이인이라기보다 처사였고 기인이라기보다 지사였다. 그렇기에 뒷날 박지원은 그를 주인공으로 한 『허생전』을 써서 세상에 알렸던 것이다. 『토정비결』도 이런 이지함의 뜻, 곧 상공업을 천시하는 풍토를 고치고 귀천을 가리는 사회를 꾸짖으며 나태를 막고 근면을 권장하면서 민중들에게 한 가닥 위안을 주려는 동기에서 이루어진 것임을 유의해두어야 할 것이다.

# 서기
### 출중한 자질로 신분의 한계를 초월한 지사

## 미천한 신분으로 태어나다

조선시대는 여느 중세사회와 다름없이 철저한 신분사회였다. 그리하여 양반 출신이 아니고서는 벼슬자리에 나갈 수가 없었으며 향촌에서도 제대로 대접을 받을 수 없었다. 이리하여 천한 신분을 지닌 사람들은 자폐自閉하거나 좌절할 수밖에 없었다.

그런데 이 틈새를 뚫고 역사에 이름을 올린 사람들이 더러 있다. 이들은 곧 송익필宋翼弼, 정개청鄭介淸 그리고 서기徐起(1523~91) 등이다. 이들은 모두 한 시대를 어렵게 살면서 많은 일화를 뿌렸고 뒷날 천한 신분의 사람들에게 하나의 거울이 되었다.

그러면 서기는 어떤 길을 걸으며 생애를 보냈던가? 공주의 공암(지금의 반포면 공암리)은 계룡산 고청봉의 북쪽 기슭 아래에 있다.

공주 공암   서기가 만년에 은거하여 학문을 익힌 곳으로 알려져 있다.

개울과 산이 둘러친 속에 골짜기가 있고, 이 골짜기에 마을이 있는데 이곳이 바로 구멍바위라는 뜻의 이름을 지닌 공암이다. 이곳에서 서기는 만년에 학문을 익히고, 특히 『주역』에 심취해 있었다. 이 소문을 듣고 많은 제자들이 몰려들었다. 계룡산의 고청봉이 서기의 호를 따서 봉우리 이름으로 삼은 것인지, 서기가 이 봉우리 이름을 따서 호로 삼은 것인지, 어느 것이 먼저인지 모를 일이다.

고청봉과 공암은 서기가 살았던 탓으로 더욱 유명해졌다. 그러면 서기는 어떤 인물이기에 그토록 유명해졌는가? 그는 원래 황해 바닷가에 있는 남포(지금의 보령군 남포면) 제석리에서 태어났다. 기록에는 그의 본관이 이천이라 했지만 그 출신이 미천하다고 했다. 이 '미천'이라는 말은 뒷사람들이 적어 말하기가 거북하여 이런 점잖다면 점잖고 부드럽다면 부드러운 말을 쓴 것이리라.

이런 말이 떠돈다. 기묘명현으로 꼽히는 이목李穆이 공암으로 귀양 갔을 때였다. 어느 날 비가 쏟아졌다. 이목이 비를 피하며 바라보니 자신의 계집종이 어느 사내에게 끌려 바위 굴 속으로 들어가더란다. 그 뒤 그 계집종의 몸에서 사내아이가 태어났는데 그 아이가 바로 서기라고 전해진다. 이 이야기는 어디까지나 전설이지만 그의 신분에 어떤 시사를 준다.

그는 척신인 심충겸沈忠謙이 하사받은 종이었다 한다(『연려실기술』). 그러나 심충겸은 서기가 학문에 열중하고 행실이 돈독하자, 종을 면해주었다. 그리고 심충겸이 그를 부를 적에는 반드시 '처사'라고 했다. 이 기록을 그대로 믿는다면 그는 나이가 꽤 들어서 종에서 해방된 셈이 된다.

## 이지함을 스승으로 모시다

종도 눈치껏 글을 배울 수 있는 처지였는지 모를 일이나 그는 일곱 살에 마을 서당에 나가 글을 배우기 시작했다 한다. 아마도 어머니의 정성 탓일 게다. 그런데 서당 건물이 무너질 지경으로 퇴락해 있었다. 이때 어린 그는 훈장에게 다음과 같은 시를 지어 바쳤다.

서당아, 오래도록 무너지지 말아다오
내가 성현의 학문을 배우도록

이를 본 훈장은 놀라서 그를 칭찬해 마지않았다(윤봉구 「행장行狀」).
어느 날 어린 그가 나물을 캐러 들판에 나갔다가 저녁에 빈 바구니를 들고 돌아왔다. 무슨 장난질만 하고 빈 바구니를 들고 돌아왔느냐고 어른들이 꾸짖었다. 그러자 이렇게 대답했다.

"어떤 새가 우짖으며 위아래로 날고 있어서 왜 그렇게 나는지를 궁리하다가 날이 저물었습니다."
"그 새가 무슨 새인데 그렇게 날아다녔다고 생각하느냐?"
"지금은 봄이어서 땅기운이 올라가기 때문에 새가 그 기운을 타서 위아래로 날아다닌다고 생각했습니다."

종달새가 아지랑이를 타고 날아다녔다는 말일 것이다. 이 일화는 그의 스승 이지함의 스승인 서경덕의 일화와도 비슷하다. 누가 그의 연보 내용을 작성하면서 적당히 끼워 넣었을 것이다.
이처럼 어릴 적부터 그는 신동이라는 소문이 자자하게 퍼졌다. 그는 조금 커서 제자백가를 두루 읽고 특히 불교에 심취했다. 아마 미천한 신분으로는 벼슬길에 나갈 수 없어서 유교에서 말하는 이단의 학문에 깊이 빠졌는지도 모를 일이요 인생을 새삼 돌아보는 신앙적 접근인지도 모를 일이다.
이지함의 고향은 보령 땅이다. 이지함은 서울에 살다가도 툭

하면 고향으로 내려가 살았다. 이지함은 혁혁한 양반 가문에다 이름난 학자였고 더욱이 당대의 거유巨儒인 서경덕의 제자이기도 했다. 학문에 남다른 정열을 지닌 서기가 이지함의 소문을 듣지 못했을 리 없다. 더욱이 그는 스무 살이 넘어서 홍주(지금의 홍성)에 살기도 했다. 홍주와 보령은 불과 20여리 거리밖에 떨어져 있지 않았다.

서기를 맞이한 이지함은 기뻐 마지않았다. 특히 이지함은 불우한 사람들과 어울리기 좋아하는, 이를테면 지사가 아닌가? 당시 신분이 낮은 사람이 찾아와 학문 배우기를 청하면 이를 거절하는 수가 흔했다. 서기와 같은 처지의 친구였던 정개청은 광주에 있는 고봉 기대승을 찾아갔다가 거절당하기도 했다.

그는 이지함을 만난 뒤 매일 또는 3~4일에 한 번씩 찾아가 학문을 익혔다. 비가 오나 바람이 부나 하루도 빠지지 않고 몇 년 동안 계속했다. 뒷날 이지함은 명망 높은 선비인 중봉 조헌에게 그를 두고 "그의 성실함은 금석을 뚫을 만하다"고 칭찬했다.

이지함은 방랑생활을 즐겼다. 그리하여 그의 발길이 닿지 않은 곳이 없었다. 그는 전국을 두루 돌아다니며 구경할 때면 서기를 자주 데리고 다녔다. 제주도에 갈 적에 서기는 그와 함께 한라산에 오르기도 했다. 그리고 전국 각지에 사는 많은 명사들을 이런 여행길에서 서기에게 소개하기도 했다.

어느 때는 지리산 덕산에서 은거하는 남명 조식을 찾아갔다. 그런데 조식이 글을 가르치는 산천재가 화려하고 방석이 사치스러운 것을 보고 이들은 대단히 못마땅해했다(이것이 첫걸음은 아니었다). 마침 조식은 출타 중이었다. 이들은 신발을 신은 채 마루에 올라 방석을 짓밟았다. 그러고는 옷깃에 바람이 일세라 휑하니 가버렸다. 조식이 돌아와 이 꼴을 보고 웃으며 말했다. "이가, 서가가 여기를 다녀갔구나." 조식도 이들이 오유傲遊하는 행동거지를 알아보았던 것이다.

서기는 계룡산 고청봉 아래로 오기 전에 지리산에서 산 적이 있다. 그는 고향에서 향약을 실시해서 비루한 풍속을 바로잡아 보려 했다. 그러나 마을 사람들이 그의 가르침을 따라주지 않아 지리산으로 옮기게 되었다. 아마 그의 출신이 미천한 탓일는지 모른다.

## 운명에 맡겨둘 뿐이라

그리하여 낙망을 한 끝에 지리산으로 가족을 이끌고 들어갔다. 그가 지리산에서 살던 곳은 홍운동으로, 산의 가장 높은 곳으로 백운산이 바라다보였다고 기록되어 있다. 노고단에서 바라보면 백운산이 한눈에 들어오니 아마 그 근처일 것이다.

그는 화전을 일구며 학문에 열중했다. 양식이 떨어지면 아그배 열매를 삶아서 주린 배를 채웠다. 그의 스승이요 동지인 이지함과 조헌은 이 깊은 산골까지 그를 찾아왔다. 이들은 시사와 학문을 밤새는 줄 모르고 토론했다. 이 소문을 들은 많은 청년들이 골짜기로 들어와 그에게서 글을 익혔다. 이렇게 4년을 지내다가 고청봉 아래로 옮겨온 것이다.

그의 산천유람 벽癖은 그치지를 않았다. 어느 때는 옥천으로 조헌을 찾아가기도 하고, 어느 때는 북쪽의 송익필을 찾아 나서기도 했고, 어느 때는 전라도의 정개청을 찾아보기도 했다. 그는 무슨 꿍꿍이속이 있어서 이들을 찾아다녔을지도 모른다. 왜냐하면 그의 나이 예순 살이 넘어설 적에 조정에서는 당쟁이 한창 심했고 왜구가 쳐들어올 것이라는 소문이 파다했기 때문이다. 그리고 그가 사귀던 사람들은 조정에 불만을 품고 있었고 뒤에 역적으로 몰려 죽기도 했다.

임진왜란이 일어나기 얼마 전, 일본은 사신을 보내 짐짓 화의를 청했다. 이때 조헌은 이를 결단코 거절하라는 상소를 올리면서, 만일 난이 일어난다면 그 대장으로 서기를 천거했다. 이 무렵 재상으로 있던 박순은 난이 날 것에 대비하여 정개청을 도원수로 임금에게 천거한 적이 있었다. 서기나 정개청은 모두 미천한 출신이 아닌가? 이 일이 성사될 리 없었다.

당시 종의 자식인 송익필은 많은 일화를 만들어내고 있었다. 송익필은 이이와 친분이 두터웠는데 이이에게 많은 지혜를 빌려주었다고 전한다. 이런 송익필을 두고 서기는 "너희들이 제갈공명을 알고 싶으냐? 구봉(송익필의 아호)을 보면 된다"고 했다(『연려실기술』). 이렇게 서로의 인물을 알아주었던 것이다.

그가 예순일곱 살 때에 정여립이 모반을 일으켜 기축옥사가 일어났다. 그의 친구인 정개청이 정여립과 친분이 있었다고 하여 연좌되어 감옥에 갇혔다. 이에 이득윤李得胤이라는 사람이 와서 말했다.

"개청이 선생을 끌어들이면 어쩔 작정이시오?"
"나는 실로 개청을 아노라. 운명에 맡겨둘 뿐이라."

이렇게 사람을 알고 또 세상일에 동심動心하지 않았다. 서기는 임진왜란이 일어나기 1년 전에 죽었다. 그는 병석에 누워 있으면서 아내에게 말했다. "명년에 반드시 왜란이 있을 것이니 구령(어느 곳인지 미상)으로 피난하지 말라." 실제 그의 가족은 이 말을 잘 지켜 무사했다고 한다.

그는 고청봉 아래에 묻혔다. 그가 임진왜란을 겪었더라면 얼마나 한탄하고 조정의 무능을 나무랐을까? 윤봉구는 묘갈명에 이렇게 썼다.

선생은 진실로 호걸의 재주와 독실한 학문을 지녀서 온 세상에 찾아보아도 그와 짝하는 이가 드물다. 우리나라의 풍속이 비루해서 명분을 숭상하면서도 덕을 숭상하지 않는다. 이 때문에 선생은 태어나서 이름이 조정에 천거되지 않았고 은택이 여염에 미치지 못했으며, 죽어서는 조두組豆(서원을 뜻함)의 향사享祀(유명한 학자를 서원에 모시고 제사하는 것) 또한 뭇 현인과 나란히 하지 못하셨도다. 이에 선비들 모두 깊이 탄식하지 않는 이가 없다.

사후에도 제대로 대접받지 못했음을 뜻한다. 그러나 여러 선

비의 주선으로 마침내 그는 공주의 충현사에 모셔졌고 지평이라
는 증직을 받았고 문목文穆이라는 시호를 받았다. 이것으로 그의
한이 풀어졌을까?

# 남사고
많은 예언을 남긴 신비의 인물

## 비기와 역사의 만남

우리나라 사람들은 예부터 비기秘記를 무척 좋아했다. 이 비기에는 미래의 재난을 이야기하고 피난할 곳을 일러주고 왕조의 교체를 주로 담았는데, 그 기술 방식은 거의 파자破字나 난해한 말들로 되어 있다.

이런 비기는 신라말기 도선에서 비롯되어 고려말기 무학 그리고 조선왕조에 들어와 박지화, 이지함, 남사고南師古 등으로 이어졌다. 조선왕조 이후 이들이 적은 비기에는 거의 정씨 출현설을 담았기에 조선후기에 들어 이들을 묶어 『정감록鄭鑑錄』이라 부른다. 그런데 이 비기를 적은 사람들은 대부분 새로운 왕조의 건설에 도움을 준 도선, 무학 등이었거나, 이름 있는 선비 출신이지만 방외거사方外居士라 불리는 박지화, 이지함 등이었다고 전한다.

이 중에 남사고는 아주 미천한 출신이었는데, 그는 고관들과 사귀며 많은 예언을 남겼다. 그가 어느 때에 나서 어느 때에 죽었는지는 알려져 있지 않고 다만 조선조 중기 명종 때의 인물로 알려져 있을 뿐이다. 그는 고관들과 사귄 탓인지 선비들의 기록에 그의 이름이 자주 나타난다.

남사고의 출신지는 울진으로 알려져 있다. 그의 집안은 동해 가에 치우쳐 살면서 조정에 별로 줄을 대지 못한 것으로 보인다. 한편 그의 출생지가 영양이라는 설도 있다. 그의 아호는 경암敬庵 또는 격암格庵이다.

## 하늘의 비밀에 통달하다

그는 어릴 적부터 글을 배우고 틈틈이 그의 향리에 있는 불영사를 자주 찾았다. 어느 날 불영사를 찾아 나섰다가 길가에서 한 중을 만났다. 그 중은 남여를 타고 가다가 남사고에게 함께 타고 가자고 했다. 그리하여 어린 남사고는 그 중과 함께 남여를 타고 절로 갔다. 남사고는 부용봉 아래에서 바둑을 두고 있었는데, 그 중이 소나무 아래에서 갑자기 큰 소리를 지른 뒤 보이지 않았다. 한참 만에 그 중의 코끝이 보이고 이어 온몸이 드러났다. 그리고 말했다.

"무섭지 않은가?"

"무엇이 무섭겠습니까?"

"그대가 무서워하지 않는 걸 보니 가르칠 만하겠다."

그러고는 비결을 주면서 말했다. "그대는 범상한 기골이 아니니 이것을 힘써 공부해 보라." 중은 이 말을 마치고 가버렸다. 남사고가 그 뒤 이 비결을 열심히 공부했을 것임은 말할 나위도 없을 것이다(『조야집요朝野輯要』).

그는 특히 『주역』에 뛰어난 식견을 가지고 있었다. 그의 재주는 원근에 널리 퍼졌다. 그는 무슨 연유인지 향시鄕試(지방에서 보는 과거의 초시)에는 여러 번 뽑혔으나 끝내 정식 문과에는 급제하지 못했다. 누가 물었다.

"자네는 남의 운명은 잘 알면서 자기 운명은 알지 못하고 해마다 과거에 떨어지니 어쩐 일인가?"

"사심이 동하면 술법도 어두워지는 법이라네."

이렇게 말하고는 너털웃음을 터뜨렸다(허균 『성옹지소록』). 그는 과거공부에는 관심을 두지 않고 『주역』을 비롯한 술수의 학문에 열중했다. 그는 밤낮을 가리지 않고 이 길에 매진했고 당시 선비들이 큰 관심을 둔 시작詩作 따위에는 관심을 기울이지 않았다. 그러자 그가 현기玄機(숨겨진 하늘의 비밀)에 통달했다는 소문이 자자했다.

그가 풍수, 천문, 복서卜筮(점치는 것), 상법相法(관상 보는 법)에 통달했다는 소문이 퍼지자 많은 사람들이 그의 집으로 몰려들었다. 그는 지사地師(묏자리 잡는 사람)로도 이름이 높았다. 이런 탓인지 조정에서 그에게 천문학관이라는, 중인들이 하는 벼슬자리를 주었다. 요즈음 기상청의 한 자리를 얻은 것이다. 그리하여 그는 서울에서 살게 되었고 조정의 높은 벼슬아치들과 접촉하게 되었다.

당시 조정에는 명신 이준경과 이황 등이 벼슬자리에 있었고 서자출신으로 이문학관吏文學官이 된 시인 이달도 있었다. 같은 처지에 있는 이달과 그는 남다른 교분을 나눈 것으로 보인다. 남사고가 죽었을 적에 이달이 애통해하는 시를 남긴 것으로도 짐작할 수 있다.

서울에서 그는 많은 예언을 했다. 하루는 영천의 여염마을을 지나다가 마침 비가 개 흰 구름이 소백산 허리에 가로 걸려 있는 것을 보고 기쁜 낯빛을 보였다. 이에 같이 가던 사람이 까닭을 물으니 "이것은 상서로운 구름이오. 오래지 않아서 전쟁이 있을 터인데 산 아래에 사는 사람은 안전할 것이오. 풍기와 영천은 복지福地가 될 것이오"라고 답했다. 과연 얼마 뒤 임진왜란이 일어나 왜구들이 조령을 넘어왔는데, 조령과 멀지 않은 풍기, 영천에는 왜구가 들어오지 않았다.

당시 명신이었던 이산해가 서울의 길가에서 남사고와 이야기를 나누게 되었다. 남사고가 서쪽의 안현鞍峴(지금의 영천고개)과 동쪽의 낙봉駱峰(지금의 동숭동 뒷산)을 가리키며 말했다.

뒷날 조정에 반드시 동서의 붕당이 있을 것이다. 낙駱이란 글자를 풀면 각마各馬니 그 끝에 가서는 각각 흩어질 것이다. 안鞍이란 변혁[革]이 있은 뒤에 편안[安]할 것이다. 또 안현이 성 밖에 있으므로 그 당은 때를 많이 잃을 것이나 반드시 어떤 일의 변혁으로 인하여 일어나지만 끝내는 없어질 것이다.

그 뒤 서인이 오랫동안 득세하고 있다가 서인 심의겸의 무리가 명종이 왕위에 오른 뒤 권세를 잡았고, 또 동인들에게 서인들이 권세를 빼앗기기도 했다. 이런 사정을 두고 모두 남사고의 말이 맞았다고들 했다. 특히 이산해는 서인으로서 맹활약을 한 벼슬아치인데 이 말을 그가 전한 것은 뜻이 있을 것이다.

어느 날 그는 이렇게 말했다. "내년에는 태산을 봉할 것이리라." 이 말을 들은 사람들이 무슨 뜻인지를 몰랐다가 문정왕후가 죽고 난 뒤 태릉에 능을 쓰자 그제야 알게 되었다고 한다(『연려실기술』). 이 이야기들은 어찌 보면 허황하다고 하겠으나 그는 곧잘 시사를 빗대어 예언한 것으로 유명하다.

## 비결서, 지금까지 전해지다

남사고는 자신이 죽을 날을 알았다고 한다. 그가 천문학교수로 있을 적에 태사성이 희미해졌다. 이에 관상감에서 가장 나이가 많은 감정監正 이번신李蕃臣이 "내가 죽을 징조"라 했더니 남사고는 "아니오. 따로 죽을 사람이 있소"라고 말했다. 그러고는 급히 행장을 꾸려 고향으로 돌아오던 중 길가에서 죽었다. 스스로 객사를 선택한 것이다. 그는 이런 사람이었다.

예전에 학문이 깊은 사람은 시부詩賦 따위를 주워 모은 문집이 있게 마련이다. 이달이 그를 곡한 시에 "동상東床(남의 사위를 높여 부른 말)의 제자가 유고를 수습했다"는 구절이 있는 것으로 보아 그의 유고도 얼마만큼 있었던 것으로 보인다. 그러나 오늘날 남아 있는 것은 하나도 없다. 다만 그의 비결에 관한 글이 전해질 뿐이다.

그와 비슷한 시기에 살면서 신비의 생애를 보낸 것으로 전해지는 남궁두南宮斗나 전우치는 비결을 전혀 남기지 않았으나, 남사고는 그나마 흔적이 있는 셈이다. 그의 비결은 『남사고비결』과 『남격암십승지론南格庵十勝地論』 두 권이 전해진다. 『남사고비결』에는 시대에 따라 세상이 변하는 사정을 이야기했는데 앞머리에 이렇게 말하고 있다.

한산漢山(북한산을 뜻하는 듯함)은 바위가 많고 한수漢水(한강을 말하는 듯)는 여울이 많아 반드시 골육이 서로 죽이는 일이 많을 것이다.

그리고 이어 이렇게 말했다.

푸른 옷을 입은 공자가 서쪽 변방에서 와서 중의 머리를 베고 사람의 처첩을 죽여 백에 하나도 살아남지 못하는데, 물고기를 탄 자

풍기 십승지  남사고가 십승지의 하나로 지목한 곳이다.

는 살고 말을 탄 자는 장툥(길다는 뜻)할 것이다.

이 내용을 두고 해석이 구구하다. "푸른 옷을 입은 공자"는 서
양 사람을 말한다고 하기도 하고 "물고기 탄 자"는 섬으로 피난
하는 것, "말을 탄 자"는 도망치는 것을 뜻한다고 본 것이다.

『남격암십승지론』에는 난리가 나면 피난해서 목숨을 부지할
열 곳을 나누어 말했다. ① 풍기 소백산 아래 물줄기가 갈라지는
곳, ② 내성 동쪽 태백산 남쪽, ③ 속리산 연항 근처, ④ 지리산
운봉 동점촌, ⑤ 예천의 금당실, ⑥ 공주 유구와 마곡 사이의 물
줄기 갈라지는 곳, ⑦ 영월의 상동 상류, ⑧ 무주 덕유산, ⑨ 부
안 변산의 동쪽, ⑩ 가야산의 만수동 등을 말했다. 이 십승지는

남사고만 이야기한 것은 아니지만, 이것을 믿고 많은 사람들이 이곳에 들어가 살기도 했다.

그런데 이 십승지설이 정감록적 비기와 내용이 비슷한 것을 보아 대부분 윗사람들의 이름을 빌려 베낀 것으로 보인다. 그리고 간지를 써서 나타낸 연대도 어떤 비기에 기록된 사건이 나고 나면 그와 비슷한 내용을 첨가한 것으로 보인다. 다만 변혁을 꿈꾸는 사람들이 이를 적절히 이용했던 것으로 보인다.

남사고는 자신의 선조묘를 복을 받는다는 보길지지保吉之地로 택하여 아홉 번이나 옮겼다고 한다. 그러나 그가 아주 좋은 묏자리라고 쓴 것이 나중에 보니 사지死地여서 땅에 엎드려 통곡했다는 설이 전해지기도 한다.

근래 남사고의 비기를 『격암유고』라고 하여 번역과 해설을 붙인 정체불명의 책이 서점가에 보인다. 그 원문도 어디서 베낀 것인지 모를 일이고 해설 또한 허황하고 자의적인 것임은 말할 것도 없다. 노태우가 입후보한 대통령 선거 때 남사고의 비결에 나온다고 끌어대고 '위의 밭전자, 아래 밭전자 든 인물이 당선된다'는 전단을 뿌린 적이 있다. 물론 남사고의 비결에서는 이런 구절을 찾아볼 수 없었다. 남사고는 어디까지나 지난 시대의 이인이었다. 그러므로 역사에서 부침한 한 인물로 그를 바라보아야 하는데도 그의 신비주의를 이용해 오늘날 인심을 현혹시키는 데에 그를 이용하는 모습을 보게 된다.

# 4부

# 근대의 여명을 밝힌 천주교와 기독교

권철신 /　　　윤지충·권상연 /　　　김교신 /　　　함석헌 /

성서조선아, 너는 우선 이스라엘 집집으로 가라. 소위 기성 신자의 손을 거치지 말라. 그리스도보다 외인을 예배하고 성서보다 회당을 중시하는 자의 집에는 그 발의 먼지를 털지어다. 성서조선아, 너는 소위 기독신자보다도 조선 혼을 가진 조선 사람에게 가라. 시골로 가라, 산촌으로 가라. 거기에 나무꾼 한 사람을 위로함으로 너의 사명을 삼으라.

# 권철신
급진파 실학의 씨를 뿌린 천주교인

## 한국 천주교회가 발상하다

1779년(정조 3) 겨울, 남한강 일대에는 많은 눈이 내렸다. 이때 여주군 금사면 앵자산에 있는 주어사와 광주군 퇴촌면 한강 가에 있는 천진암에 많은 젊은이들이 모여들어 학문을 토론하고 있었다. 이 젊은이들은 대부분 권철신權哲身(1736~1801)의 제자들로 정약전, 정약용, 권일신, 이벽 등이다. 이들은 일반 학문만이 아니라 천주교 교리를 강론했다고 한다. 오늘날 천주교에서는 이곳 천진암이 천주교회 발상의 유적지라고 하여 성역화하고 기념관을 세우고 있다.

그러면 권철신은 어떤 인물인가? 그는 조선왕조 초기의 정통 유학자 권근의 후손으로, 대대로 높은 벼슬을 한 명문가의 출신

천진암  천주교회 발상지로 알려진 천진암

이었다. 증조할아버지 권흠은 이조참판, 관찰사 등을 지냈고 할아버지 권돈은 진사를 지냈으나 아버지 권암은 벼슬에 나가지 않고 학문에만 열중했다. 그의 계통이 남인이어서 할아버지 적부터 정계에서 소외되어 있었다.

그는 북한강 가에 있는 감호라는 곳에 살면서 광주 첨성리의 성호 이익에게 가서 학문을 익혔다. 그는 비록 늦게 이익에게서 학문을 받았으나 성호학의 정통을 이어받았다. 이익이 죽자 이익의 제자들이 학식이 높고 재주가 뛰어난 그를 떠받들어 종장으로 삼았다.

## 서학의 신사고에 심취하다

주자학에 해박했던 권철신은 스스로 "진심으로 주자를 사모하는 자는 나만한 사람이 없을 것이다"고 말할 정도였다. 그는 현실에 있어서 철저하게 이익의 훈도를 입어 여러 면에서 개혁이 단행되어야 한다고 생각했다. 이런 탓으로 그의 제자들은 그를 중심으로 강론을 펴며 북한강과 남한강 일대에서 자주 모였다. 1777년경에는 철리연구회哲理研究會를 만들어 제자들에게 좀 더 확실한 이론을 가르치기도 했는데 이 모임의 한 과정에서 앞에서 말한 천진암 등지에서 강론을 벌였다.

그는 오형제의 맏아들이었다. 예전이나 지금이나 맏아들은 할 일도 많고 말도 많은 처지였다. 그는 부모의 유산을 받아 다른 학자의 경우와는 달리 그리 가난하지는 않았던 것으로 보인다. 그런데 그의 재산은 도대체 '네 것 내 것'이 없었다.

그의 형제나 조카들은 머슴이나 곡식도 서로 구분 없이 나누어 썼고 자식과 조카를 구분하지 않아서 그 집에 간 손님들은 한 달쯤 지나서야 그의 아들을 알아볼 수 있었다 한다. 맛있는 음식이 있으면 아무리 양이 적더라도 종들에게까지 고루 나누어주었다. 그의 집에 들어가 본 사람은 화기가 넘쳐서 향기가 온몸을 감싸는 것 같아 마치 난초의 향기가 풍기는 방에 들어가는 듯했다고 한다. 여느 선비가 엄격하게 아랫사람을 대하는 경우와는 달랐던 것이다. 이런 부드러운 성품과 온정이 넘치는 분위기 때문에 그 일대의 사족士族이 자신의 아들들을 그의 문하로 보냈다.

이렇게 그의 집에 사람들이 넘쳤으나 세상인심은 때로 매몰차고 야박한 것이어서 사람들의 발길이 그의 집에서 끊어진 적이 있었다. 그 까닭은 이러했다. 그는 철리연구회를 통해 서학에 관심을 기울이고 서양의 기술에 대해서도 탐구심을 불러일으키고 있었다. 이즈음 이벽은 서학연구에 몰두하였고 서양의 과학지식을 폭넓게 섭렵하고 있었다. 1784년 이승훈이 북경에 가서 세례를 받고 천주교 서적을 가져와 이벽에게 전해주자, 이벽은 이것을 본격적으로 탐독했다. 그리하여 이벽은 천주교와 서양 과학에 제1인자의 자리를 차지하게 되었다.

이벽은 정약용 등 젊은 선비들에게 열심히 서양의 문물을 소개했고 토론을 벌었다. 그리고 서울의 수표교에 거처를 정하고 중인들, 곧 역관 김범우 같은 사람들에게 열심히 천주교를 선교했다. 이때 많은 사람들이 "녹암鹿庵(권철신의 호)은 선비들의 명망이 높으니 그가 따르면 우리도 따르겠다"고 말하자, 이벽은 천진암 시절보다 훨씬 깊은 서학의 지식을 가지고 권철신을 찾아갔다. 이벽의 선교에 권철신은 미온적으로 동의했으나 그의 동생 권일신은 적극적으로 호응하여 입교했다. 이때부터 권철신은 이벽, 이승훈 등과 어울려 서학에 깊이 빠져들었다.

당시 조정에서는 권철신의 높은 명망에 따라 세자를 교도하는 벼슬을 주려 했으나 세자가 다섯 살의 나이에 죽어 실행되지 못했다. 그러다 1791년에 이른바 진산 사건이 일어났다. 진산에 사는 윤지충, 권상연이 천주교를 믿으면서 조상의 신주를 불사르고 제사를 지내지 않았다는 죄목으로 잡힌 것이다. 이 두 사람은

갖은 문초를 당한 끝에 전주 풍남문 앞에서 참형을 받았다. 이들은 한국 최초의 순교자가 되었다.

권철신을 포함한 남인들의 반대파인 목만중, 홍낙안 등은 남인들을 진산 사건에 연루시키면서 권일신이 천주교 서적을 찍어냈다고 지목했다. 그리하여 권일신은 제주도로 유배되었다. 권일신은 갖은 회유를 받아 개심서改心書를 바친 탓으로 유배지가 예산으로 옮겨졌으나 모진 매를 맞아 곧 죽고 말았다. 이러한 권일신 사건이 있자, 그의 집에 들끓던 제자들은 하나둘 발길을 돌렸다. 물론 그의 충실한 제자 정약용 형제 등 몇몇은 예외였을 것이다.

권철신은 세상 돌아가는 것이 절박함을 깨닫고 세상과의 접촉을 끊었다. 그는 집에 파묻혀 있으면서 결코 나들이를 하지 않았다. 이러기를 10년. 그는 천주교가 당파싸움에 이용되고 많은 남인들이 천주교에 들어 일패도지할 조짐을 알아차렸다. 그러나 그는 천주교를 비난하는 글은 쓰지 않았다. 다만 제사의 의의를 밝히는 『우제의虞祭義』 한 권을 지었을 뿐이다.


## 실학의 씨를 뿌리다


그런데 결정적 위험이 닥쳐왔다. 비교적 온건하게 천주교를 대하던 정조가 죽고 천주교를 철저하게 반대하는 노론들이 어린 왕 순조를 업고 세력을 잡은 것이다. 1801년(순조 1)에 접어들어 조정에서는 천주교도들에 대해 일대 체포령을 내렸다. 이 해 2월 18일에는 벼슬아치 63명이 상소를 올려 이승훈, 이가환, 정약전, 정약용, 권철신 등을 대역부도의 죄로 다스리라고 강력하게 요구했다. 이에 이들은 옥에 갇혀 심한 고문을 받았다.

권철신은 은인자중해왔는데도 이미 정치탄압의 성격을 띤 옥사였으므로 정상이 참작될 리가 없었다. 더구나 이때의 연루자들 또한 그의 제자들이었으니 말할 나위도 없었을 것이다. 그는 여러 날 모진 고문을 받았고 끝내 장독이 올라 감옥에 든 지 1주일 만에 죽었다. 그의 죄목은 대역부도에 해당되었으므로 저자에서 시체를 토막 냈다. 그때 나이 예순여섯이었다. 그는 평소에 "붕당의 싸움은 폐부에까지 스며들어 고질이 되어 있으므로 씻어내기가 어렵다"고 늘 말했는데, 결국 천주교도였기보다 붕당의 싸움으로 죽은 것이다.

어쨌거나 그의 세례명은 '암브로시오'로 알려졌다. 그는 아들이 일찍 죽어서 동생인 일신의 아들인 조카 상문相問을 양자로 들였는데, 그 양자도 이 교난에 걸려 죽었다. 그리고 딸 하나를 두었는데 사위가 이총억이었다. 그의 사위 역시 천주교에 연루되어 모진 박해를 받았다. 한 가문이 쑥대밭이 된 것이다. 나중에 그의 묘는 그가 살던 곳에서 멀리 떨어지지 않은 남시면 효자산에 터를 잡았다.

그는 이익의 학통을 이어 양근, 광주, 양주, 여주 일대에 실학의 씨를 뿌렸다. 그의 계통을 학자들은 성호 좌파, 곧 실학의 급진파라고 부른다. 이 말은 그의 계통이 서양의 과학 및 천주교의

도입을 통해 현실개혁을 이루려 했다는 것을 뜻한다. 그리고 성호 우파, 곧 실학의 보수파로 일컬어지는 안정복과는 사돈 사이였다. 그의 동생 일신이 안정복의 사위였다.

이런 계통과 경향은 위대한 실학사상가 정약용에 의해 집약되었다. 정약용은 스승 권철신과 함께 모진 고문을 받았으나 다행히 죽음은 면한 뒤 스승들의 사상을 발전시켜 후세에 남겼다. 그러나 불행히도 권철신이 대역부도의 죄목으로 죽은 탓으로 그의 저술은 별반 남겨지지 않았다. 다만 그의 숨결이 북한강 일대에 어리어 있다고나 할까? 뒷날 정약용은 그의 묘지명을 써서 그의 정신과 행적을 후세에 알렸다. 정약용은 그의 묘지명 첫 머리에 이렇게 썼다.

도술의 차이는
터럭 끝을 다툰다

새겨 음미해볼 구절이다.

# 윤지충·권상연

한국 천주교회의 첫 번째 순교자

## 벼슬을 포기하고 새로운 길을 가다

전주 풍남문 밖 형장에서 순교한 윤지충尹持忠(1759~91)과 권상연權尙然(1750~91)은 선비의 몸으로 천주교의 세례를 받고 조상의 신주를 불살랐던, 이른바 진산 사건을 일으킨 장본인이다. 그들은 한국 천주교회사뿐만 아니라 한국역사에서도 커다란 영향과 풍파를 일으킨 인물로, 중·고등학교 교과서에 어김없이 이름이 올려져왔다.

1785년(정조 9) 봄, 서울 명례동(지금의 명동)의 역관 김범우(세례명 토마스)의 집에서 소동이 일어났다. 형조의 포졸들이 이 집에서 청년들이 모여 도박판을 벌이고 술을 퍼마신다는 소문을 듣고 오랏줄을 늘어뜨리고 들이닥친 것이다. 그런데 듣던 소문과 달리 투전판이나 술판은 벌이지 않고, 모여 있는 청년들이 얼굴에 분을 바르고 머리에 수건을 두른 채 강론을 하고 있었다.

포졸들은 청년들과 그곳에 있던 예수상과 책들을 거두어서 형조로 끌고 갔다. 형조판서인 김화진은 그 청년들이 양반의 자제들임을 알고 타일러서 내보내고, 김범우만 중인 신분이라고 하여 잡아 가두었다. 이 소식을 들은 권일신이 청년 다섯 명을 데리고 형조로 들어가 항의하자, 형조판서는 예수상은 내주었으나 김범우만은 귀양 보내야 한다고 풀어주지 않았다.

김범우의 집에서는 1784년 겨울부터 초기 교회 형태로 주일을 지내고 있었다. 이곳에 모이는 인사들은 이승훈, 이벽, 권일신, 정약전 등 젊은 명사들이었다. 특히 이승훈이 이 해에 북경에 가서 세례를 받고 와서 그 전부터 서학에 대한 관심이 높던 이벽과 권일신에게 세례를 주었고, 이들은 김범우의 집을 중심으로 모이며 전도에 열중했다(유홍렬『한국천주교회사』상 ; 이능화『조선기독교급외교사』).

이 사실이 적발되기 직전 겨울에 윤지충은 이곳에 드나들었다. 그는 1783년에 진사시에 합격하고 이듬해 겨울에 서울로 올라와 있었다. 그가 이곳에 드나들게 된 것은 말할 것도 없이 고종자형인 이승훈이나 고종사촌형인 정약전의 인도 탓이었을 것이다. 그는 그 집에서『천주실의天主實義』와『칠극七克』같은 책을 얻어가지고 고향으로 내려갔다. 이때 그는 아마 진사로 성균관에 들어가 벼슬아치 수업을 계속하는 것을 포기하고 새로운 인생의 길을 선택한 것으로 보인다.

전주 전동성당 순교자리

## 천주를 큰 부모로 삼다

윤지충은 해남 윤씨이다. 해남 윤씨들은 대대로 해남에 거주했는데, 그의 조상으로는 남인의 논객이요, 「어부사시사」로 유명한 윤선도와 벼슬을 버리고 그림에 몰두한 윤두서가 있다. 윤지충의 가계를 살펴보면 윤선도는 그의 6대조요, 윤두서는 그의 증조부가 된다. 윤두서 이후 그의 집안은 별로 벼슬을 얻지 못했으나 재산과 교양을 갖춘 양반 가문으로 널리 알려져 있었다(정약용「자찬묘지명自撰墓誌銘」；유홍렬『한국천주교회사』).

윤지충의 아버지 윤경尹憬은 해남을 떠나 진산으로 옮겨와 살았다. 그가 고향을 떠나 이곳으로 이사 오게 된 이유는 확실하지 않으나, 이곳에 처가인 권씨들이 살고 있고, 또 상당한 토지를 가지고 있었던 탓으로 보인다. 이렇게 해서 윤지충은 전라도 진산 장구동(지금의 충남 논산군 벌곡면 도산리 장고티)에서 그 집 맏아들로 태어났다.

그의 아버지는 벼슬은 하지 않았으나 가정의 전통대로 유교 교양을 지닌 선비였다. 윤경은 처가 권씨와 한 마을에 살았는데, 이곳은 대둔산 아래 비산비야의 조용한 마을이었다.

윤경은 누이 윤씨가 서울 근방 마재의 정재원에게 출가함으로써 정재원과 인척관계를 맺고 있었다. 정재원은 진주목사 등을 지낸 명망 있는 인물이었다. 윤씨는 정재원의 후처였는데, 아들로 정약전, 약종, 약용 등을 두었고 사위로 이승훈을 맞이했다. 그리하여 윤지충도 자라면서 이들 고종사촌형제와 고종사촌자형인 이승훈과 자연스럽게 어울렸을 것이다.

정씨 형제들은 유난히 재주가 많았다. 특히 고종사촌동생인 정약용은 일찍이 과거에 급제하여 조정의 명망을 얻고 있었다. 윤지충이 진사시에 합격하여 서울로 올라왔을 적에 정약용은 성호 이익의 실학에 몰두하면서 이벽에게서 천주교의 교리를 배우고 있었다. 이들이 한창 천주교에 심취해 있었으니 외사촌인 윤지충에게 이를 일러준 것은 너무나 당연했다.

윤지충이 진사시에 합격했을 당시, 그는 여러 가지로 고무되어 있었다. 그는 소외되었던 남인 집안이었으나 당시는 정조가 남인을 감싸고, 남인 채제공이 임금의 신임을 두터이 받고 있었다. 따라서 남인 청년들이 조정에 많이 등용되고 있었기 때문이다.

그러나 그는 천주교 서적을 보고 새로운 깨달음을 얻자 벼슬을 할 것이냐 말 것이냐에 대해 고민했다. 그는 그때 다음과 같은 해답을 얻었다고 한다.

"하느님은 천지와 인간을 창조한 대군 대부이시며, 인간은 영혼과 육신으로 결합되어 있는데, 그 결합은 하느님께서 이루어주신다"는 것이다. 또한 사람의 살과 피는 하느님께서 부모를 통하여 주신 것임을 깨닫게 되었다. 그가 하느님을 이렇게 이해할 수 있었던 것은 천주교의 하느님이 천지를 주재하고 안양하는 유교 경전의 천天 또는 상제上帝와 유사점을 이루고 있었기 때문이다.
천주교.진주교구 시복시상위원회 편『5인순교자생애』(이이화 글)

이런 뜻을 윤지충은 대개『천주실의』에서 터득했을 것이다. 『천주실의』는 마테오 리치가 천주교리를 요약해 설명하면서 하느님과 유교의 상제가 근본적으로는 동일함을 밝힌 책이다.

이와 달리『칠극』은 실천적인 덕행의 요목을 적은 것인데, ① 오만을 극복하기 위한 겸손, ② 질투를 극복하기 위한 애덕愛德, ③ 분노를 극복하기 위한 인내, ④ 탐욕을 극복하기 위한 자비, ⑤ 식욕을 극복하기 위한 절제, ⑥ 음행을 극복하기 위한 본능 제어, ⑦ 게으름을 극복하기 위한 근면 등이다(유홍렬『한국천주교회

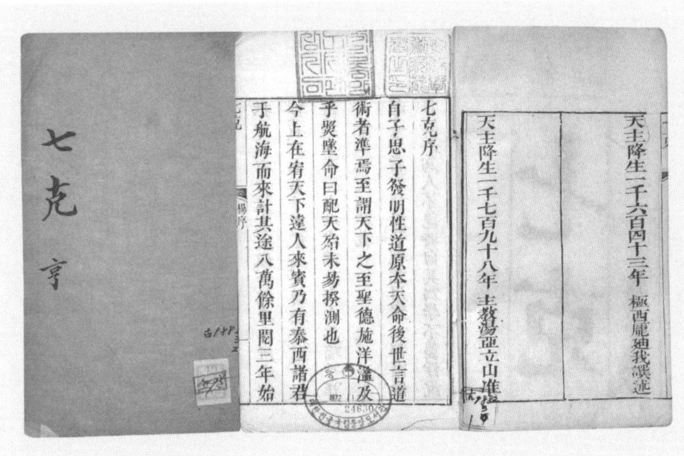

『칠극』 천주교의 실천적 덕행의 중요한 항목을 적은 책이다.(국립중앙도서관 소장)

사』상). 그는 또 십계명을 읽어 터득하고 있었다.

그는 고향으로 와서 이 두 책을 베껴두고 원본은 서울로 돌려보냈다. 그리고 1년 동안 이 책들을 더욱 깊이 공부했다. 그런데 조정에서 천주교를 금하고 주위의 비방도 많아, 책들을 불에 태우거나 물에 씻어버렸다. 그리고 한 마을에 사는 외사촌인 권상연에게도 없애기 전에 이 책을 보여주고 설명해주었던 것으로 보인다.

그는 학습을 게을리 하지 않았다. 책도 없이 혼자서 학습했다는 것은 책의 내용을 모두 외웠다는 것을 뜻한다. 그 뒤 고종사촌인 정약전에게 가서 교리에 대한 보충교육을 받고, 1787년에 정약전을 대부로 하여 이승훈에게서 세례를 받았다. 세례명은 바오로였다. 이제 명실상부하게 천주교도가 된 것이다. 그는 이때의 사정을 두고 전라감사의 문초에 이렇게 말하고 있다.

> 원래 스승에게서 받은 것도 있고 또 함께 배운 사람은 없다. 천주를 큰 부모로 삼고서도 곧 천주의 명을 따르지 않는다면 결코 공경히 받드는 뜻이 아닐 것이다.
>
> 『정조실록』15년 11월조

여기서 앞의 구절은 스스로 묵상을 통해 교리를 터득한 것을 말하고 뒤의 구절은 그 가르침대로 실행한다는 것을 뜻한다.

## 제사를 폐하고 신주를 불사르다

1790년 북경 주교인 구베아는 조선 교회에 밀사인 윤유일을 파견했다. 윤유일은 구베아의 지시대로 조선 교회에 "로마 교황청이 조상의 신주를 모시는 일을 없애고 제사를 지내지 말라는 금지령을 내렸다"는 사실을 전달했다.

신앙심이 깊은 조선의 천주교도들은 이 지시를 다투어 따랐다. 권상연은 아버지와 할아버지의 신주를 불에 태워 그 재를 집 앞 뜰에 묻었고, 윤지충은 부모의 제사는 폐했으나 신주는 그대로 두었다. 두 사람의 이런 행동을 들은 친척과 선비들의 비난이 크게 일어났다. 그러자 윤지충은 이렇게 말했다.

사대부 집에서 나무로 깎아 모신 신주는 천주교에서 금하는 바이기 때문에 차라리 사대부에게 죄를 지을지언정 천주에게 죄 짓기를 원하지 않아서 신주를 집 안에 묻었다. 죽은 이의 앞에 술과 음식을 차려놓는 것은 천주교에서 금하는 바이다. 또 서인庶人이 신주를 모시지 않는 것은 나라에서 엄히 금함이 없고, 살림이 어려운 선비가 제향을 받들지 못하는 것은 예에 어긋남이 없다. 그러므로 신주를 모시지 않거나 제향을 베풀지 않은 것은 다만 천주교를 위함이요, 나라에서 금하는 일을 범함이 없는 듯하다.

『정조실록』 15년 11월조

이것은 유교적 제례가 법으로 규정된 것이 아니라 사대부의 관례임을 천명한 것이다. 그는 온갖 비난을 무릅쓰고 자기의 뜻대로 이런 의식을 폐하였다. 그런데 독실한 신자인 그의 어머니가 이 해 5월에 세상을 떠났다. 그의 어머니는 "교회의 가르침에 어긋나는 일은 무엇이든지 하지 말라"는 유언을 남겼다.

어머니가 돌아가셨을 적에 마침 역질이 크게 돌았다. 당시 한 번 역질이 돌면 통행을 금지하고 환자는 격리시키는 것이 지방 관아의 조치였고 하나의 관례였다. 이에 그는 어머니의 초상을 치르지 못하고 있다가 8월 그믐날에야 장사를 치렀다. 이때 그는 정성을 다해 전통 의식대로 시신에 옷을 입히고 관을 짜서 장례를 치렀지만 신주는 만들지 않았다.

그리고 역질로 인하여 전처럼 멀리에서 친척들이 모여드는 장례를 치르지 못하고 동리의 일꾼들만 와서 상사를 도왔다. 그러니 조문을 온 인사의 이름을 적는 '조객록'에 원근에서 온 친척이나 선비들의 이름이 많지 않았다. 그러자 그가 어머니의 신주를 만들지 않았다는 사실과 비밀스레 장사를 치렀다는 소문이 크게 돌게 되었다. 이것이 그에게 체포의 명이 내려진 직접적인 동기가 되었다. 게다가 이 소문은 더욱 부풀어 "어머니의 시체를 버렸다"고까지 전해졌다.

권상연이 신주를 불태운 일은 그의 일가 형인 권상희를 통해 서둘러 전해졌고, 윤지충이 "어머니의 시체를 버렸다"는 일은 진산군수인 신사원이 그의 형에게 보낸 편지로 세상에 알려졌다. 이 소문을 듣고 맨 먼저 중앙 요로에 알려 문제를 일으킨 사람은 홍낙안이었다. 그도 남인계통의 선비 출신이었다.

정조가 임금이 된 뒤 남인들이 득세했는데 이때 이들은 두 계열로 나뉘었다. 하나는 채제공을 맹주로 한 이동욱, 이승훈, 이가환, 정약전, 정약종, 정약용 등이다. 다른 하나는 홍의호를 맹주로 한 목만중, 이기경, 홍낙안, 홍명주 등이었다(이능화 『조선기독교급외교사』).

남인의 이 두 계열은 서로 반목, 질시하고 있었는데, 채제공이 좌의정이 되어 정조의 신임을 두터이 받자 홍의호 일파는 더욱 초조해졌다. 이때 윤지충과 권상연의 일이 알려지자, 가주서假注書로 있던 홍낙안은 임금 앞에서 시책을 논할 적에 이것을 문제 삼았고, 이어 채제공에게 장서長書를 보내 미온적 태도를 공격하고 나왔다. 이 장서에는 이런 내용이 담겨 있다.

이른바 사학邪學(천주교)이 무부무군無父無君하여 인륜을 능멸하고 오상五常(인간이 지켜야 할 다섯 가지 도덕)을 어지럽혀서 그 해독이 끝이 없고 미혹이 날로 늘어나는 것은 합하께서도 이미 잘 아는 바이니, 어찌 소인이 다시 거론함을 기다릴 필요가 있겠습니까? 그러나 근래에 크게 번져서 여기에 들지 않은 사람이 없을 정도에 이르러서는 합하께서도 어찌 모두 알겠습니까?……근래 사학이 크게 번성하고 그런 일이 친구들 사이에도 걸려 있으니, 누가 이런 말 꺼내기를 내키겠습니까? 오늘날 저들의 친구들 사이에 벼슬아치든 선비든 모두 물들어 있어서 재주 있고 지혜 있는 인사들 중 열에 여덟, 아홉이나 됩니다.

홍낙안은 이런 내용의 글을 여러 곳에 통문 형식으로 보내 문제를 삼았다. 또 유생 성영우 역시 통문을 보내 더욱 소란을 피웠다. 이어 언관인 사헌부와 사간원의 벼슬아치들이 들고일어나 윤지충과 권상연의 처벌을 요구하고 나섰다. 이렇게 되자 좌의정 채제공도 덮어둘 수만은 없어 임금 앞에서 두 사람의 처벌을 주장했다. 그리고 은근히 일이 확대되는 것을 막고 두 사람의 처벌에 그치도록 유도했다.

반대파의 주장은 그야말로 세월을 만난 듯이 윤지충과 권상연에게만 화살을 쏘아댄 것이 아니라, 과거의 사실까지 들추며 서울에 있는 서학도의 조사와 처벌을 강경하게 유도하고 나섰다. 채제공은 자신에게도 불똥이 튀자, 적극적으로 그 조치를 강구하고 자신과 관련되는 부분을 해명하지 않을 수 없었다. 이리하여 임금 앞에서 그 대책을 논하면서 서학은 대체로 불교와 비슷하다고 하면서 이렇게 말했다.

진산의 두 죄수에 대해서 아뢰겠습니다. 그 고을 수령이 그 형에게 보낸 글에 대해 들으니 윤지충이 신주를 불태우고 시체를 버렸다는 설은 전하는 자의 잘못이요, 장례를 치를 적에 예를 제대로 갖추지 않았다고 합니다. 가난한 자가 예를 제대로 갖추지 못하는 것은 어쩔 수 없습니다. 신주는 새로 만들지 않았고 옛 신주는 그대로 있다고 하옵니다. 지금 조사해 문초한다면 그 사실이 드러날 것입니다. 권상연에 대해서는 그 일가붙이 권상희가 신에게 와서 말하기를 '자신이 그 조상의 신주에 절하기 위해 권상연의 집에 갔더니 신주가 없어 놀라 상연에게 물은즉 상연이 말하기를 놓아두어도 이익됨이 없어서 이에 처리했다고 말했습니다. 그 처리한 곳을 물으니 물에 던지면 사람들이 다시 건질 듯하고 땅에 묻으면 일가들이 반드시 다시 캐서 받들려 하려 하기 때문에 특별하게 처리했다고 말했는데 불에 태운 것 같습니다' 고 했습니다.

『정조실록』15년 10월조

채제공의 말은 두 사람을 두둔하고 있다. 이어 임금과 채제공은 서로 대책을 의논했으나 그 확대를 주저했다. 일단 윤지충과 권상연을 전라감사 정민시로 하여금 잡아 문초하게 하고, 당시 평택현감으로 있던 이승훈과 양근에 사는 권일신도 잡아 문초하게 했다.

# 순교의 길을 가다

두 사람은 조정에서 그들의 문제로 소란을 벌이고 또 체포령이 있을 것이라는 소문을 듣고 일단 피신했다. 윤지충은 경기도 광주로, 권상연은 한산으로 몸을 피했다. 그러나 진산군수가 그들 대신 윤지충의 숙부인 윤등을 볼모로 잡자 어쩔 수 없이 진산군수에게 자수했다. 자수한 날 저녁, 곧 10월 26일 밤부터 군수의 심문과 고문이 시작되었다.

군수는 그에게 배교를 권했으나 이를 듣지 않자, 목에 칼을 씌워 옥에 가두었다. 윤지충이 이곳에 갇힌 지 이틀 만인 28일, 진산군수는 그의 숙부를 타일러 내보냈다. 다음 날에는 목에 칼을 씌운 채, 첫닭 울음소리와 함께 전주로 떠나게 했다. 엄중한 경비 속에서 전주에 도착하여 전라 감영에서 30일 오후부터 심문을 받았다.

두 사람은 차가운 감옥에서 모진 고문을 받았는데 그들의 공술은 두 차례 이루어졌다. 공술은 첫 번째와 두 번째의 내용이 조금씩 다르기는 했으나, 당당히 천주교를 믿고 신주를 불태운 사실이 잘 나타나 있다. 윤지충은 다만 어머니의 시체를 버렸다는 일은 전혀 사실 무근임을 밝혔다. 권상연은 신주를 불태운 일과 제사를 폐한 사실을 그대로 고백했다.

전라감사의 보고를 받은 조정에서는 이에 두 사람을 참수형에 처하게 하고, 그들이 살던 진산군은 5년 동안 현으로 강등하며, 진산군수 신사원을 감독 소홀의 책임을 물어 유배시켰다(『정조실록』 15년 11월조).

　그리고 이승훈에게는 현감 벼슬을 떼어 유배시키게 하고, 권일신은 제주도에 유배를 보냈다. 또 이들을 처벌하라고 요구한 이기경은 성균관에서 함께 서학 서적을 본 사실을 숨겼다고 하여 함경도 경원으로 유배를 보냈다. 그 밖의 작은 조치들이 있었으나 더 이상 확대시키지 않고 이 정도의 조치로 그쳤다. 그러나 불씨를 그대로 안은 채 뒷날로 문제를 미룬 셈이다.

　전라감사는 윤지충에게 고문을 가하며 배교를 요구했으나 그는 "만약 살아서든 죽어서든 가장 높으신 아버지를 배반하면 제가 어디로 가겠습니까?"라고 대답하며 끝내 순교의 길을 택했다.

　1791년 11월 13일(양력 12월 8일) 두 사람에 대한 효수형이 있다는 말이 퍼지자 많은 사람들이 거리로 쏟아져 나왔다. 감옥은 동문 근처에 있고, 사형장은 남문 밖에 있었다. 두 사람은 시내 중심거리를 거치게 되어 있었다. 이 거리를 지날 적에 권상연은 가끔 '예수, 마리아'를 불렀다고 하며, 윤지충은 즐거운 낯빛으로 예수 그리스도를 군중에게 설교하면서 형장으로 나왔다 한다.

　형장에서 담당 집행관이 다시 한번 "신주에 절하고 천주교를 배반할 것"을 강력하게 요구했으나 그들은 끝내 이를 거절했다. 마지막 살아남을 기회를 거부한 것이다. 먼저 윤지충이 널빤지 위에 쓴 사형집행문을 읽고 말뚝 위에 머리를 얹었다. 이때 윤지충이 '예수, 마리아'를 부르며 형리에게 어서 목을 자르라고 태연히 요구하자, 망나니는 칼을 힘껏 내리쳤다. 시각은 오후 3시, 겨울 해가 서쪽에서 빛을 잃으며 꺼져갈 때였다. 그의 나이 서른

세 살.

그때 정조는 두 사람의 피를 보게 되면 더 많은 죽음을 불러올까 두려워하여 사형에서 한 등급을 감하여 귀양을 보내는 조치를 내리고 사자를 급히 보냈다. 그런데 사자가 전주에 도착하기 전에 이들의 사형이 집행되었다.

두 시체는 엄중한 감시 아래 9일 동안(『정조실록』에는 5일)이나 효수한 채로 전시되어 있었다(이것은 참형을 받은 중죄인에게 가해지는 관례였다). 두 사람의 시체를 거두어 묻게 될 적에 많은 사람들은 놀라 마지않았다 한다. 그들의 시체는 조금도 썩지 않았고, 형장에 뿌려진 피는 엉기지 않은 채 선혈 그대로 선명했다 한다(유홍렬 『한국천주교회사』 상).

이것도 과장되어 떠도는 소문일테지만 그들의 죽음과 이런 기적을 보고 새로이 입교한 이들이 많았다. 그리하여 1801년 박해가 있을 적에 진산, 고산, 여산 일대의 교도들이 많이 순교했다.

1793년 조선의 신도들은 그들의 순교 행적과 기적을 낳은 피 묻은 수건을 북경 주교 구베아에게 동봉하여 보냈다. 구베아 주교는 이를 받아 중국 사천성 교구장 마르탱에게 편지로 알렸다. 그리하여 이들의 순교 행적이 널리 알려졌다.

윤지충과 권상연은 이렇게 해서 평신도로서는 조선의 최초 순교자가 되었고, 우리나라 천주교 역사의 한 페이지를 장식하게 되었다. 윤지충의 아내와 열세 살 난 딸은 그 뒤 철저한 신앙인이 되었다고 전해진다.

오늘날 천주교에서는 제사에 융통성을 보여 자유의사에 맡기

고 있다. 곧 제사는 조상추모 의식의 하나요 관습이라 풀이한 것
이다. 그러니 오늘날 이들의 순교를 어떻게 해석해야 할 것인가?

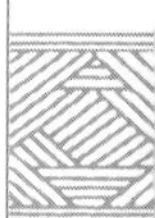

# 김교신

성서의 민족적 해석에 쏟은 열정

## 『성서조선』을 펴내다

1927년 7월 『성서조선聖書朝鮮』이라는 이름의 44쪽 분량의 계간지가 첫선을 보였다. 조잡하게 꾸민 책이었다. 창간사의 한 구절에 이렇게 적었다.

성서조선아, 너는 우선 이스라엘 집집으로 가라. 소위 기성 신자의 손을 거치지 말라. 그리스도보다 외인을 예배하고 성서보다 회당을 중시하는 자의 집에는 그 발의 먼지를 털지어다. 성서조선아, 너는 소위 기독신자보다도 조선 혼을 가진 조선 사람에게 가라. 시골로 가라, 산촌으로 가라. 거기에 나무꾼 한 사람을 위로함으로 너의 사명을 삼으라.

『성서조선』 창간 당시의 동인들  앞줄 왼쪽부터 유석동, 정상훈, 김교신, 송두용, 뒷줄 왼쪽이 양인성, 오른쪽이 함석헌이다.(1927년 일본 도쿄. 한국기독교역사박물관 제공)

이 『성서조선』의 메시지는 무더운 여름날에 하나의 청량제였고 더욱이 자기 본질을 외면하고서 방황하는 기독교인들에게는 하나의 충격이었다. 이 잡지를 만든 사람들이 바로 김교신金教臣(1901~45)을 비롯하여 유석동柳錫東, 정상훈鄭相勳, 함석헌咸錫憲, 송두용宋斗用, 양인성楊仁性 등이다.

이들은 뒷날 한국기독교사에 무교회주의자라는 이름을 올린다. 『성서조선』의 창간호는 발행지를 일본어로 적었는데, 이것은 물론 하나의 위장이었다. 앞으로 이 잡지의 논지와 주장을 보면 쉽게 이해할 수 있는 대목이다. 이 잡지에는 이 여섯 사람 이외에 유명한 동양철학자 유영모柳永模나 계몽운동가 유달영柳達永

같은 진보적 기독교인들이 필진으로 참여한다.

이 책이 발간된 지 3년쯤 뒤인 1930년 5월부터는 김교신이 발행, 편집, 교정, 배달을 혼자 떠맡아 보았다. 그런데 그전보다 훨씬 알찬 내용으로 꾸며졌고 계간에서 격월간으로 발행 횟수도 늘었다. 논지는 기본적으로 두 가지, 곧 성서의 조선적 해석이요, 무교회신앙의 제창이다.

김교신은 민족의 현실을 바라보는 문제의식에 철저했다. 그는 언제나 식민지 백성으로 우리의 역사를 이야기하고 우리의 국토를 끝없이 사랑했다. 그가 이 땅에 살던 시기 식민지 현실은 너무나 암담했고 선교사에 의한 신앙과 신학의 교조주의적 독재가 판을 쳤다. 그리고 세속주의가 만연하고 교회와 교인의 율례주의律禮主義가 굳어 있었다. 이러한 시대에 살면서 그는 성서에 민족을 결부시키고 독특한 주체성을 발견하려는 시도를 거듭했다.

이에 대해 서정민 씨는 "이를 성서의 진리와 그 보편성에 펼쳐져 있는 하나님의 섭리에 귀착시키려는 노력이 그것이다. 그에게 있어서는 민족의 제 상황 즉 역사와 현상과 미래 모두가 하나님의 진리와 올바로 만나져야 한다는 과제와 염원이 가장 중요한 신앙의 주제였음이다."(『교회와 민족을 사랑한 사람들』)라고 말하고 있다.

이런 탓으로 『성서조선』에 대한 일제당국의 검열은 철저했고 내용 삭제가 거듭되었다. 때로는 발행을 연기시키기도 하고 배포를 금지시키기도 했다. 그들은 끝내 「황국신민서사皇國臣民誓詞」를 고정란으로 게재하라고 강요했다. 이때 김교신은 발행을 중지하려고 했으나 다른 동료들은 계속적인 발행을 위해 이 강요를 받아들이라고 했다.

그러나 몇 차례 이를 게재한 뒤에 끝내 최후를 맞이해야 했다. 1942년 3월호 권두언에 자신이 쓴 「조와弔蛙」라는 글 때문이다. 그는 이때 개성의 송도고보의 교사로 재직하고 있었다. 그는 송악산 골짜기에 기도터를 마련하고 있었는데 연못가에서 기도할 적에 개구리들이 기어 나왔다. 가을과 겨울을 지나 개구리들을 찾아보니 두세 마리가 죽어 떠다니고 있었다. 이 개구리들을 조상하는 글을 쓰고 끝에 이렇게 적었다.

> 예년에는 얼지 않았던 데까지 얼어붙은 까닭인 듯 동사한 개구리 시체를 모아 매장하여 주고 보니 못 바닥에 아직 두어 마리 기어 다닌다. 아, 전멸은 면했나 보다.

당시 태평양전쟁으로 우리의 청년학도들이 끌려가 죽는 모습을 보고 이를 상징한 것인지, 아니면 우리 겨레가 모진 수난을 겪고도 살아남는다는 뜻이 포함되었는지 정확히는 알 수 없으나, 일제 당국은 이 글을 트집 잡아 『성서조선』을 폐간시켜 버렸다. 그리고 관련된 인사들을 체포, 구금했다.

## 기도하는 곳이 곧 교회다

무교회주의는 교당만을 교회로 인정치 않고 성직제도를 받아

들이지 않으며 교회가 가지는 성서의 해석권을 부정하고 조선민
족에게 신이 내린 고유한 사명을 밝히지 않는 신학을 배척하는
것이다. 이에 대해 "따라서 무교회는 교회를 부정하거나 없애자
는 파가 아니라 두 사람이 모여 기도드리는 곳도 교회라 인정하
는 것이다. 또 성직자를 통해 물로 세례를 받는 것만이 세례가
아니라 마음속으로 영으로 받는 세례도 세례요, 또한 천국의 열
쇠는 베드로만이 쥐고 있는 것이 아니라 하느님만이 끝까지 쥐
고 있다는 것이며, 또 성서해석에 정통적인 절대적 규준이 있는
것이 아니라 그때그때 하느님의 계시로써 직접 우리에게 이를
가르쳐준다는 것이다"(노평구『성서 위에 조선을』)라는 해석이 따른다.

  이런 주장을 『성서조선』에 담아내고 있었으니 기성교회의 반
응이 고분고분할 리가 없었다. 성서의 원칙론과 교회의 체제 비
판적 시각은 필연적으로 기성교회의 탄압과 멸시로 이어졌다.
각 교단에서는 이 잡지의 구독을 산하 교회와 교인들에게 금지
시켰고 이들이 주관하는 집회의 참석을 방해했다. 이런 분위기
탓으로 기독교청년회 같은 단체에서는 이들에게 집회장소를 빌
려주지 않았다. 그러면서 감리교, 장로교 등에서는 일제의 강요
이기는 하나 국가의식이라는 구실을 붙여 신사를 참배하고 있었
다. 교회를 지키기 위해 일제와 타협하거나 굴종한 것이다.

  김교신은 때로는 경영주, 때로는 필자, 때로는 기자, 때로는
배달원이 되어 약 15년 동안 『성서조선』을 이끌어 나가며 외로
운 싸움을 벌여야 했다. 다만 3백 명 정도의 고정 독자와 몇몇
동지들만이 그에게 용기를 불어 주고 희망을 안겨주었다. 물론

이 잡지가 폐간되고도 그는 자신의 신념을 잃거나 중단하지 않았다. 김교신은 45세, 장년의 나이로 죽었으나 그의 학력과 이력은 매우 다양하다.


## 국토사랑을 통해 민족혼을 심다


김교신의 고향은 함흥이다. 함흥농업학교를 졸업하고 도쿄의 정칙영어학교에 입학했다. 이때 그는 식민지 출신의 유학생으로 많은 고민을 거듭했다. 그는 노방전도를 듣고 성결교회에 가서 세례를 받아 기독교인이 되었으나 당시 일본교회의 부패를 보고 회의를 느꼈다.

이럴 적에 그는 무교회주의의 창시자인 우치무라 간조內村鑑三의 『구안록求安錄』과 『종교와 문학』을 읽고 눈을 크게 떴다. 그리고 나서 우치무라의 문하를 출입했다. 뒷날 우치무라에 대해 "자연과학적 정신에 입각한 성서연구와 온 국민의 국적國賊이라는 비방과 모멸 속에서 조국 일본을 버리지 않는 그 애국적 열혈이 나를 강하게 끌었다"고 고백하고 있다.

우치무라는 일본의 조선 침략을 비난하고 조선 사람의 고통을 가슴 아파했다. 김교신은 7년 동안 우치무라의 민족 평등적 사상에 빠져들었다. 그리고 자신의 사명이 무엇인지를 확연히 깨달았다.

그는 영어학교를 졸업하고 나서 수재들이 모인다는 도쿄 고등

사범학교 영어과에 입학했으나 곧 지리박문과로 전과하여 졸업했다. 왜 전과를 했는가. 바로 식민지 나라에서 국토지리를 통해 민족혼을 심으려 했던 것이다. 학교에서 그는 고향의 친구인 함석헌, 송두용 등을 만나 평생 동지의 관계를 맺었다. 함석헌은 아버지가 죽을 무렵 감옥에 있어서 장례에 참석하지 못했는데 이 두 친구가 아들을 대신해 장례를 치러주었다고 회고했다.

김교신은 졸업과 동시에 함흥 영생여고보와 서울의 양정고보에서 교편을 잡으면서 『성서조선』을 발행했다. 그러면서 박학의 교사로 이름을 떨쳤다. 그는 열띠게 학생들에게 민족교육을 시켰다. 일제가 만든 지리 교과서는 내팽개치고 우리나라의 국토를 설명하고 거기에 깃들어 있는 역사를 가르쳤으며 미국 시인 롱펠로의 『에반젤린』 같은 서양문학을 소개하면서도 『춘향전』의 설명을 빼놓지 않았다.

일요일이나 공휴일에는 학생들을 이끌고 근교로 나가서 나라 사랑의 길을 말했고 국토의 설명을 통해 민족의식을 고취했다. 그뿐만 아니라 성서연구회에 나가서 열변을 토하기도 했다. 기개에 찬 용모에 훤칠한 키만 보면 운동선수를 연상케 했으나 그의 말에 귀를 기울여 보면 어김없는 지사였다.

그의 인물됨을 알려주는 한 일화가 있다. 그는 늘 자전거를 타고 다녔는데 어느 날 '주재소' 앞을 지나다가 검문에 걸리자 자전거를 내버리고 학교로 출근했다 한다. 또 어느 때는 도둑이 그의 자전거를 훔쳐갔다. 학생들이 자전거를 도둑맞았음을 위로하니 어차피 우리 조선 사람이 탈 터이니 걱정할 것이 없다고 말했다 한다.

그는 12년 동안 봉직했던 양정고보를 사임하고 곧이어 공립의 경기중학 교사가 되었다. 이때 일본학생을 앞에 두고도 민족교육을 조금도 주저치 않아 반년 만에 쫓겨났다. 곧이어 송도고보 교사로 있을 적인 1942년에 『성서조선』사건이 터졌다. 이 사건으로 그의 교우와 학생들이 검속되었고 끝내 13명이 서대문형무소에 투옥되었다. 그와 함께 잡힌 인사에는 기독교 사상가로 민주운동을 펼친 함석헌과 뒤에 농촌운동을 펼치고 국민운동본부장을 지낸 유달영이 포함되어 있었다.

## 한 알의 밀알이 되어

그는 말년에 "밤낮 무교회, 무교회를 연창함이 마치 나무아미타불을 연호하는 속승과 같다"고 말하여 무교회주의에만 가치를 둔 것이 아니었음을 천명했다. 그의 마지막 귀결은 '민족 신앙의 얼'이었다. 그는 이렇게 말했다.

오직 우리는 조선의 성서를 주어 그 골근을 세우며 그 혈액을 만들고자 한다. 같은 기독교로서도 혹자는 기도생활의 법열의 경을 주창하며 혹자는 영적 경험의 신비세계를 역설하며 혹자는 신학 지식의 조직적 체계를 애지중지하나 우리는 오직 성서를 조선에 주고자 한다.……영원한 새로운 조선을 성서 위에 세우라.

민경배 『한국기독교회사』

이는 "믿으시오, 믿으시오"를 외친 초기 선교사와 신앙만이 구원한다는 신교 목사들을 지목해 조선적 기독교를 강조한 것이다. 그는 후반기에 무교회주의를 일정하게 비판했으나 그에게는 기독교 내부에 도사리고 있는 적들이 많았다. 하지만 그의 독특한 신앙관에 대해 다음과 같은 평가가 따른다.

강직한 신앙과 맑은 마음, 엄격한 계율적 생활과 수도사적 청빈함이 몸매에 넘치던, 예레미야와 같은 눈물의 애국 신앙가 김교신은 많은 흔적을 남겨놓고 갔다.

민경배 『한국기독교회사』

김교신은 『성서조선』사건으로 감옥생활을 하다가 1년 만에 출옥했으나 옛 일을 다시 시작할 수 없었다. 하지만 전시체제 말기에 조선총독부에서 조선민족을 더 옥죄어, 창씨개명과 신사 참배를 강요하고 징용 징병제를 강요할 때는 끝까지 이를 거부했다. 그는 일본인 친구에게 "옥쇄를 각오하고 있다"고 고백했다.

어떤 인연인지 1944년 7월에 흥남의 질소비료공장 서본궁의 관리계장이 되었다. 이것이 위장취업이라는 말도 있으나 그는 노동자들의 비참한 생활을 돌보아 주면서 복음의 전파와 민족혼을 일깨우는 데 온 정열을 바쳤다.

과로를 거듭한 그의 몸에 발진티푸스가 덮쳤다. 조국해방이 있기 4개월 전에 그는 조용히 숨을 거두었다. 그는 한 알의 밀알이 되어 그토록 사랑하던 땅에 씨를 뿌렸다.

# 함석헌
## 사상가인가 행동가인가

## 시대가 그를 만들었는가, 그가 시대를 만들었는가

현대에 사는 사람들은 함석헌咸錫憲(1901~89)을 모르는 이가 드물 것이다. 현실모순을 몸으로 부딪치며 살았던 인물이기 때문이다. 그는 술과 고기와 놀이를 멀리했고 언제나 단정한 한복을 입고 수염을 드리우고 다녔다. 수도승이나 다름이 없는 차림이었고 행동거조였다. 가냘픈 몸이 강연장소나 시위현장에 나타나면 함부로 표현하기 어려운 기개가 짙게 깔렸다.

먼저 필자가 그를 처음 만날 때의 인상부터 이야기를 풀어보자. 4·19직후 광주의 청년들이 그를 모시고 여러 이야기를 들었다. 그는 먹물 빛 한복을 입고 수염을 기른 모습으로 나타났다. 그의 강연은 정열적이었으나 목소리는 차분했다. 필자가 서울

가는 통일호(가장 비싼 열차) 기차표를 끊어 좌석을 잡아드렸다. 그는 앉자마자 작은 가방에서 「타임스」를 꺼내 읽어나갔다. 필자가 그를 모시는 동안 뭘 하느냐 등 한 마디 물어보는 말이 없었고 잘 가시라고 인사를 건네도 고맙다든지 따위의 대꾸의 말도 없이 인사도 받는 둥 마는 둥했다.

나중에 들은 이야기. 그의 앞자리에 앉았던 후배 이종목이 먹을거리와 맥주를 사서 권하자, 도리어 학생이 이런 걸 먹으면 안 된다고 꾸지람을 주더란다. 필자는 그를 너무 우러러 본 나머지 너무 근엄했다든지, 쌀쌀 맞았다든지, 청교도 같다든지 하는 생각도 하지 않았다. 이 글을 쓰려다 보니 새삼 첫 인상이 떠오른다.

그는 기독교 사상을 기저로 한 사상가요, 독재정권에 맞선 민주운동가요, 민족정서를 구현한 지사요 문장을 화려하게 꾸미는 문필가라 평가할 수 있다. 그만큼 그가 추구한 영역은 넓었다. 시대가 그를 만들었는지, 그가 시대를 만들었는지는 좀 더 따져보아야 할 것 같다.

## 기독교에 입문하다

함석헌은 평안북도 용천군 부라면 원성동에서 태어났다. 그의 태생지를 행정구역으로만 말하면 그곳의 특수한 지리적 환경을 잘 모르게 된다. 황해 쪽의 용암포 앞에는 졸망졸망한 섬들이 이어져 있다. 그 중에 사섬(獅子島)라는 곳이 있다. 사섬은 원래 섬이었는데 조선 후기에 들어 갯벌을 막아 육지로 이어지게 해서 이름만 섬이지 실제로는 육지에 붙은 곳이다.

이곳 사람들은 물론 어부도 아니요 농군도 아닌 반농반어로 생활을 꾸렸다. 이곳에 함가들이 집성촌을 이루고 살았는데, 자신들은 양반이라 우기지만 대대로 벼슬자리 하나 얻지 못한 상인이나 다름없는 한미한 씨족이었다 한다. 더욱이 조선시대에는 평안도 사람들을 '서북 지방 출신'이라 하여 차별을 두지 않았던가? 이 언저리에서 태어난 홍경래는 봉기를 주도하면서 "평한平漢(평안도 놈)의 한을 풀자"고 외쳤다.

함석헌의 할아버지는 평범한 농부로 소작농이었지만 생활수

준은 그리 나쁘지 않았던 것 같다. 그는 할아버지를 두고 "언제 누구와 큰 소리로 다투거나 싸우는 것을 본 일이 없다. 글자는 하나도 모르는 이였다"라고 했다. 아버지 형택亨澤은 신진 지식인은 아니었으나 의원노릇을 하면서 생활의 여유를 갖고 구학 지식을 어느 정도 터득하고 있는 사람이었다. 처음에는 고집이 세서 기독교를 믿지 않았다고 한다. 나중에 기와집을 짓고 살 정도로 돈을 많이 벌어서 함석헌의 유학자금은 별로 걱정하지 않아도 되었다.

어머니는 김씨였다. 여느 여인네처럼 이름이 없었으나 호적을 새로 정리할 때 형도亨道로 올렸다 한다. '형'은 아버지 이름에서 따왔다 한다. 여느 여성의 이름 짓는 상식과도 다르고 '순'이나 '숙'을 붙이지 않은 것도 독특하다. 그는 "글은 몰랐지만 어머니는 도리에 밝으셨고 또 중년 후부터는 독실한 기독교 신자"였다고 했다. 특별한 경우는 아니겠지만 장남인 그를 비롯해 2남 3녀의 형제자매는, 나도는 아버지를 대신한 어머니 손에서 자랐다. 그의 회고를 보자.

> "나는 일본이다. 너는 아라사(러시아)야."
> "아냐, 내가 일본 할래."
> 뒤로 땋아 늘인 텁수룩한 머리에다 옥수수 잎을 뜯어 두 끝을 마주 매어 군인 모자를 만들어 쓰고 수숫대를 다듬어 좌우 허리에 칼을 찬 마을의 어린이들이 모여 서로 편을 짜서 전쟁놀이를 하는 것이었다. 그것을 우리는 일본놀이라 불렀다.

대가리가 좀 두둑두둑한 놈들은 대장이랍시고, 작은 것들은 시키는 대로 졸병이 되어 서로 칼을 휘둘러 찌르고 때리다가, 한창 열이 날 때는 앞집 처마가 결단이 나는지 뒷집 빨래가 녹아나는지도 생각할 겨를 없이 따라가고 쫓기고 아우성을 치며 노는 데 해가 가는 줄을 모른다.

『죽을 때까지 이 걸음으로』「나라는 망하고」

함석헌은 어릴 적 놀이를 이렇게 아주 실감나게 적었다. 그런데 이 전쟁놀이는 역사적 사실과 결부되어 있다. 이 지역은 1894년 청일전쟁과 1904년 러일전쟁의 싸움터였다. 동네 아이들은 이 전쟁 이야기를 듣고 자랐다. 러시아 군대는 용암포에 진주했는데 그의 집과는 30리 거리에 있었다. 일본군은 러시아군대를 몰아내기 위해 사섬에 상륙했다. 그들은 청군, 러시아군, 일본군의 발길에 공포에 떨었다. 이런 지리 환경이 그의 의식을 일깨웠던 것이다.

함석헌은 삼천재라는 서당에 다녔고 이어 서당을 덕일학교로 개조하자 이 학교에 다녔다. 그는 머리를 깎고 학교에 다니면서 여러 가지를 배운 속에 동명왕, 을지문덕, 이순신, 임경업을 알게 되었고, 홍경래의 이야기도 들었다. 또 동네에 차린 야학에서는 "남자교육이 먼저냐, 여자교육이 먼저냐" 따위를 놓고 토론을 벌이기도 했다. 더욱이 풍속 개량, 두루마기 짧게 입기, 옷소매 좁게 하기, 고름 대신 단추달기, 굿 그만두기 따위의 새 생활운동도 벌였다. 그리고 예배도 보고 기도도 했다. 아홉 살짜리

소년 함석헌은 여기에 흠뻑 빠졌으며 기독교도가 되었다.


## 민족운동에 눈을 뜨다


그 동네에는 함일형咸—亨이라는 함씨의 종가 아들이요 한학자
가 살았다. 그는 과거를 하려다가 실패하고 민요 장두狀頭(앞장선
사람)가 되었다가 관가에 가서 볼기를 맞은 적도 있었다. 그는 논
밭을 팔아 아들 둘 중 하나는 서울, 하나는 도쿄에 유학을 보냈
다. 그는 서울을 왕래하면서 기독교도가 되었고 서당을 학교로
개조한 주인공이었다. 함석헌의 이름은 그가 지어주었다. 처음
에는 헌憲 옆에 화火를 변으로 붙인 글자로 지었으나 이 글자는
자전에도 없어서 '화'를 떼어내고 호적에 올렸다. 함일형은 함석
헌의 첫 스승이었다.

1910년, 함석헌의 나이 열 살. 나라가 망한 사실이 사섬에도
알려졌다. 어느 날 중학교에 다니는 동네 선배인 이용엽이 아이
들 다섯을 조용히 불렀다. 이용엽은, 우리나라를 회복하기 위해
목숨을 바쳐 일해야 된다는 것, 그런 일을 하기 위해 서로 맹세
를 하고 동지가 되자고 했다. 맹세하는 글은 피로 쓰지 않고 잉
크로 쓰기로 하고 다섯 장이나 되는 글을 이용엽이 쓰고 손도장
을 찍어 하나씩 가지고 철저히 비밀을 지키기로 약속했다. 그 단
체 이름은 일심단—心團이었다.

당시 단지동맹斷指同盟이 곳곳에서 결성되었다. 손가락을 자르

거나 피를 내서 맹세의 약속을 하여 독립운동을 벌이자는 비밀
결사였다. 일심단도 단지동맹의 하나였고 열두 살짜리 함석헌도
여기에 들었다. 함석헌은 이때부터 민족운동에 눈을 뜨기 시작
했다. 그의 아버지는 처가가 있는 양시에 약방을 차려 제법 돈을
벌어들였다. 그래서 양시보통학교를 졸업한 그는 1916년 평양고
등보통학교에 입학했다.


## 평생의 스승 세 분을 만나다


함석헌은 10대 후반의 나이에 번화한 도시 평양에서 공부하면
서 새로운 눈이 열렸다. 그는 일본식 교육을 시키는 평양고보에
입학했다. 아버지의 재력이 뒷받침되어 공립학교를 선택한 것이
다. 아마 그 시기 대성학교가 폐교된 사정도 한몫했을 것이다.
하지만 그는 이 학교에서 일본인 교장과 교사 밑에서 일본어를
쓰고 일본 예절을 익히며 다니는 걸 탐탁하게 여기지 않았다.

1919년 봄, 형뻘이 되는 함석은이 찾아와 그에게 평양고보의
연락책임을 맡겼다. 그는 숭실학교 지하실에 가서 독립선언서를
받아들고 와서 다음 날 평양경찰서 앞에 뿌렸다. 이어 시가행진
에 참여해 "대한독립만세"를 목청껏 부르면서 팔목을 비트는 일
본 순사를 뿌리치고, 연달아 총에 칼을 꽂고 압박해 오는 일본군
의 발길로 채이고 짓밟혔다. 3·1운동에 가담한 것이다.

60세가 된 그는 그 때를 "어디서 그런 용기가 났는지 모른다.

정말 먹었던 대동강물이 도로 다 나오는 듯했다"고 회상했다. 뒤에 운동에 가담한 사실이 발각이 되어 스스로 중퇴했다. 그의 열혈은 이즈음부터 끓어올랐던 것이다. 그의 친구들은 복교를 했지만 그는 아예 학교에 나가지 않았다. 미래에 보장된 군수나 의사, 변호사를 내팽개친 것이다.

그는 하릴없이 집으로 돌아와 바다를 벗하고 독서를 하면서 무료한 나날을 2년 동안 보냈다. 평양에 있을 때에는 교회에 다니지 않았지만 고향집에 와서는 열심히 교회에도 나갔다. 그는 다시 정주의 오산학교에 편입했다. 오산학교는 3·1운동 당시 일본 헌병이 불을 질러 타버렸다. 그래서 유지들과 동네사람들이 뜻을 모아 초가 교실이나마 마련했으나 교실에는 의자 한 개도 놓지 못했다. 학생들은 그냥 마룻바닥에 앉아 수업을 받았다.

함석헌이 학교에 가보니 자신과 같은 평양고보를 퇴학한 자, 동맹휴학하다가 쫓겨 온 자, 서른 살짜리 수염 기른 노학생, 교회 장로와 훈장을 하던 이들이 어우러져 "우리 오산, 우리 오산" 하며 자부심을 가지고 있었다.

그리고 교사들은 학생들에게 "왜 그랬지요?"하며 존댓말을 쓰는 것을 보고 많은 감동을 받았다. 그는 평양고보에서 "오마에(너)"라는 엄한 소리만 들었던 것이다. 또 그는 한글 배달 같은 말을 처음 배우고 들었다. 마침 32세의 정열에 찬 유영모가 교사로 와서 학생들을 훈도했고, 많은 학생들이 그를 따랐다.

당시 남강 이승훈은 정주에 오산학교를 설립해 교육사업을 벌였고, 용강에서 태어난 안창호는 미주를 오가면서 민족운동의

선봉에 나섰으며, 조만식은 오산학교의 교장을 지내면서 교육사업 또는 사회운동을 열성적으로 벌였다. 이 셋은 기독교도로 서북 지방의 지도자로 추앙을 받았다. 본디 신교는 남쪽보다 북경을 통해 전래된 북쪽 지방에 왕성하게 전도되었고 선교사와 현지 기독교도들은 신교육을 벌이는 교육사업에 앞장섰다. 조선시대에 소외를 받았던 그들이 앞장서서 신문물을 수용했던 것이다.

오산학교에 다니면서부터 함석헌은 이 세 지도자를 평생 동안 가슴에 담고 살았다고 해도 지나치지 않다. 그는 "남강, 도산, 고당선생의 인격의 알짬이 기독교 신앙이고, 따라서 오산정신의 알짬 역시 그것임을 말하는 데 있어서 잊어선 아니 될 것은, 그것이 선교사와 관계가 없다는 사실이다. 이 세 분이 다 선교사 밑에서 일한 이들이 아니요, 오산학교는 미션학교가 아니었다"(『죽을 때까지 이 걸음으로』「남강·도산·고당」)라고 말하고 있다.

그런데 함석헌은 이때는 안창호를 만나보지 못했다. 안창호는 미국이나 상해를 넘나들고 있었기 때문에 만날 기회가 없었다. 뒷날 그는 안창호를 딱 두 번 만났다고 했다. 안창호가 상해에서 일경에 체포되어 감옥살이를 하고 나온 뒤 서울에 있을 때 김교신, 송두용, 이광수와 함께 여관으로 찾아간 것이다. 그리고 그 뒤 안창호가 오산학교를 방문했을 때였다. 안창호에 대한 그의 존경심은 성장하면서도 조금도 늦추어지지 않았다. 그리고 조만식과 이승훈에게는 직접 훈도를 받았다.

그는 늦은 나이로 오산학교를 졸업했다. 그리고 도쿄로 건너가 1년 정도 준비를 끝낸 뒤 입학하기 어렵다는 도쿄고등사범학교 문과에 합격했다. 신천지에서 새로운 인생을 열게 된 것이다.


## 스스로 이단자가 되다


그가 전공을 선택할 때 여러 생각이 있었던 모양이다. 신학은 아예 생각이 없었고 철학, 법률 등 여러 분야를 놓고 고민한 끝에 문학을 선택했다. 한편 "다가오는 일본제국주의의 압박 앞에 이러다가는 정치적으로 압박을 받을 뿐만 아니라 민족적으로 온통 망해버린다는 불안이 사회에 넘치는 때였다. 그러므로 교육이 가장 급하다는 생각에 사범 길을 택했다. 그래도 들어가 놓고는 거기가 학문적이 아닌 것 때문에 불만이어서 들어간 것을 후회도 해보았다"(『죽을 때까지 이 걸음으로』「이단자가 되기까지」)고 했다. 그는 교육자의 길을 택했으나 학문에 관심을 놓지 않았던 것이다.

그는 도쿄대지진을 겪으면서 용케 목숨을 구해 학교를 정상적으로 다녔다. 그런데 그의 새 인생의 전기가 될 일이 벌어졌다. 친구 김교신이 우연히 일본인 우치무라 간조를 알고 강의를 들으러 다녔다. 함석헌은 유영모에게서 우치무라의 신앙에 대해 들어 알고 있었다. 당시 우치무라는 주마다 '예레미야' 강의를 하고 있었다. 그들 6명은 주일마다 몇 시간씩 기차를 타고 우치무라의 집으로 가서 한 시간의 강의를 들었다. 그는 바쁜 시간 때문에 망설이기도 했으나 "오늘 가기를 잘했지, 그 말씀 못 들었다면 어쩔 뻔했나?"라고 말할 정도로 경도되었다.

이들은 머리를 맞대고 『성서조선』이라는 이름의 동인지를 냈다. 김교신이 이 일에 가장 열성을 부렸고 귀국해서는 혼자 도맡아 책을 냈다. 마분지 같은 종이에 몇백 부 찍어 돌렸다. 이들은 석조당의 으리으리한 기성 교회를 배척하고 무교회주의를 제창했다. 그러면서 기독교적 민족을 생각하고 민중을 염려했다. 그 무렵 함석헌은 교회에 나가면 늘 실망했고 "심령의 소생하는 것이 없고 낡아빠지고 껍데기 돼버린 교회 형식만 되풀이되는 데 견딜 수 없었다"고 했다.

이들을 기성 교회에서는 불순분자라고 매도했다. 아직은 이단이라는 딱지를 붙이지는 않았다. 해방 뒤에는 이들을 이단이라 규정짓고 "우치무라 총독이 군림한다"는 극단적 용어를 써가면서 압박했다. 이들을 두고 "그 사람들 무교회주의자요, 경계하시오" 하면 일반 신자들은 슬금슬금 가버렸다.

한편 그가 이런 운동을 벌일 때 창씨개명과 일본어 수업을 거부했다고 하여 오산학교에서 쫓겨났다. 그는 오산에서 과수원을 돌보면서 세월을 보냈고 평양의 송산리에 있는 농사학원을 인수받아 경영을 하기도 했다.

함석헌은 유치장에 자주 들락거렸으나 정식 감옥생활은 한 것은 자기도 뜻하지 않은 사건에서 비롯되었다. 그가 농사일을 할 때였다. 농사학원 설립자인 김두혁이 도쿄에서 검거되었고 이들의 비밀결사체인 계우회鷄友會의 조직이 발각되었다. 함석헌의 집 쓰레기통에서 이들과 왕래한 편지가 발각되어 이를 증거로 그는 대동경찰서에서 1년을 보내게 되었다. 1940년에 일어난 사건

이다. 그가 감옥에 있을 때 그의 아버지가 임종을 해 서울에 있던 김교신과 송두용이 아들을 대신해 장례를 치러주었다.

이들이 신사참배와 창씨개명을 거부하고 『성서조선』을 통해 민족운동을 벌이면서 조선총독부 정책에 항거하자, 일제 경찰은 「조와」라는 글을 트집 잡아 이들을 감옥에 가두고 『성서조선』을 폐간시켰다.

함석헌은 『성서조선』사건에 연루된 뒤 1942년 체포되어 서대문 감옥에 1년간 수감되었다. 그는 감옥에 있으면서 『반야경』, 『무량수경』, 『노자』, 『장자』 등을 읽었다. 그리하여 그는 "종교는 하나다"라는 결론을 내렸다. 이어 그는 "이단이란 없다. 누구를 이단이라고 하는 맘이 바로 이단이며 유일의 이단일 것이다"라고 선언한 것이다. 「대선언」이라는 시를 보자.

내 즐겨 이단자가 되리라. 비웃는다 겁낼 줄 아느냐 못될까 걱정이로다. 기독교는 위대하다. 그러나 참은 보다 더 위대하다. 참을 위해 교회에 죽으리라. 교회당 탑 밑에 내 뼈다귀는 혹 있으리라. 그러나 내 영은 결단코 거기 갇힐 수 없느니라.

김경재는 이를 두고 기독교적 종파주의나 교파주의 테두리 안에 갇혀 있지 않겠다는 뜻이라고 풀이했다(『민족의 큰 사상가 함석헌선생』「함석헌사관의 기독교적 요소」). 나이 40대 첫 무렵, 옥살이를 하면서 동양과 불교책을 읽고 변화를 보였고, 한국전쟁 시기 민족의 비극을 보고 그는 결정적으로 달라졌다. 마침내 그는 스스로를 이단이라 자처한 것이다. 이런 사상적 기조에서 『뜻으로 본 한국 역사』를 집필한 것이다.

　그는 감옥에서 풀려난 뒤 아버지가 새로 약국을 벌였던 용암포 언저리에 살면서, 상속을 받은 토지에 농사를 짓기도 하고 아버지가 남긴 의서를 보며 세월을 보냈다. 평생 처음 가장노릇을 하면서 한가하다면 한가한 세월을 보냈다. 그는 이렇게 해방을 맞이했다.


## 네 나라며 내 나라요, 네 역사며 내 역사니라


　함석헌은 고향 마을에서 어릴 적부터 역사 이야기를 들으면서 자랐다. 특히 그 고장에서 태어난 홍경래, 그 언저리에서 활동한 임경업 그리고 국경성인 백마산성, 용골산성에 얽힌 전설도 흥미를 가지고 들었다. 학교에 다니면서도 한국역사에 관심을 가졌고 교사가 되어서는 역사를 가르쳤다. 그는 비록 역사를 전공하지는 않았으나 식민지 백성으로서 자기 뿌리를 찾고 고난의 역사를 알아야 한다는 의무감이 작용했던 것이다.

　그에게 역사는 씨올과 함께 자아의 발견이었다. 그리하여 "집이 없으면 천지를 집을 삼을 수 있어도 자아가 없어진 다음에는 지옥에 갈 자리가 없지 않느냐"(『뜻으로 본 한국역사』 「머리말」)라고 했다. 그는 교사시절 역사를 가르치면서 다음과 같은 감회를 적었다.

나는 예닐곱 해 전부터 중학생들에게 역사를 가르치게 되었으므
로 어떻게 하면 젊은 가슴에 영광스러운 조국의 역사를 안겨줄 수
있을까 하고 힘써 보았다. 그러나 쓸데없었다. 어려서 듣던 을지문
덕, 강감찬의 이름을 크게 불러보았다. 그러나 그 소리로써 묻어버
리기엔 5천년 역사의 앓는 소리는 너무나 컸다.

『뜻으로 본 한국역사』「머리말」

그의 역사에 대한 고뇌가가 시작된 것이다. 이 고뇌는 직접 한
국사 강의를 하고 책을 엮으면서 더욱 깊어졌다. 그는 『성서조
선』의 겨울집회에서 처음으로 일주일 동안 한국사 강의를 했다.
교직생활을 하면서 이 강의의 내용을 모아 월간지가 된 『성서조
선』에 2년 동안 연재했다. 그의 고백대로 지도교수가 있는 대학
도 아니요 도서관도 참고서도 없는 시골 정주 오산학교에서 중
등학교 교과서와 굴러다니는 몇 권의 참고서를 참고해 써내려갔
다. 게다가 말의 자유가 없는 때라 당당히 할 말도 스스로 깎아
야 했다.

쓰다가 말고 붓을 놓고 눈물을 닦지 않으면 안 되는 이 역사, 눈
물을 닦으면서도 그래도 또 쓰지 않으면 안 되는 이 역사, 써놓고
나면 찢어버리고 싶어 못 견디는 이 역사, 찢었다가 그래도 또 모
아대고 쓰지 않으면 아니 되는 이 역사, 이것이 역사냐? 나라냐?
그렇다. 네 나라며 내 나라요, 네 역사며 내 역사니라.

『뜻으로 본 한국역사』「머리말」

자랑할 것 없는 역사였다. 그래서 또 "고난의 역사를 처음으로 말할 때 내 심정은 약혼 받은 거지 처녀 같은 상태였다"고도 했다. 하지만 그는 계속해서 사유의 방황보다 어떤 사명감에 젖어 있었다. 그래서 "역사가 무엇이냐? 그것은 사람이 하나님을 찾는 기록이요, 하나님이 그 아들을 찾는 기록이다"라고 했고, "하나님을 찾는 것이 사람의 바탕이기는 하지만 그 바탕은 하나님에게서 받은 것이다"라고 했고, "역사는 영원히 층계를 올라가는 운동이다"라고도 했다. 알쏭달쏭하기도 하고 자기 나름대로 무엇을 말하려는 듯도 하다.

이 책을 『성서적 입장에서 본 조선역사』라는 이름으로 펴냈다. 자신이 말한 대로 책은 발행되었으나 독자는 300여 명이 넘지 않았다. 그러나 일제는 이 책의 내용을 두고 그를 잡아가는 구실로 써먹었다. 그는 '역사의 고난'이란 예수의 수난을 비유한 것이라고 했다.

해방이 되자 이 책을 다시 내자고 하여 별로 고치지 않고 냈다. 그러다 한국전쟁이 터져 이 책을 구해볼 수 없게 되었다. 그래서 셋째 판을 내자는 요구가 있었다. 그가 50년대부터 월간 『사상계』에서 여러 글을 쓰면서 많은 독자들이 생겨났고 그의 글들이 구매력이 높을 때였다. 그리고 군사쿠데타를 반대하는 글을 쓴 탓으로 탄압을 받으면서 그의 성가는 더욱 올라갔다.

# 뜻으로 본 한국역사

이 책을 내자는 사람들 앞에서 그는 많이 망설였다. 일제시기보다 금기는 많이 없어졌으나 그의 믿음이 달라져 있었기에 이를 내용에 반영해야 한다는 짐이 지어진 것이다. 그의 말을 들어보자.

> 처음 역사를 쓸 때 나는 기독교 신자, 그 중에서도 무교회 신자였다. 기독교만이 참 종교요, 그 기독교는 성서에 있다고 생각하였다. 본래 우리나라에서는 성경이라 하였고 뜻으로도 그것이 좋은데 일본 사람들이 성서라 하였기 때문에 우리도 어느덧 성서가 되어버렸다. 그래서 책이름도 『성서적 입장에서 본 조선역사』라 하였고, 참의미의 역사철학은 성서에만 있다고 주장하였다. 그러나 나는 언제까지나 남의 종교를 믿고 있을 수는 없었다.
>
> 『뜻으로 본 한국역사』「넷째 판에 붙이는 말」

그의 신앙이 일대 전환을 한 것이다. 이 무렵 앞에서 소개한 시 「대선언」을 발표했다. 그는 세계주의와 과학주의로 재무장했다. 해인사에 한 달 머물면서 모든 교파주의적인 것, 독단적인 것을 없애버리고 책이름도 『뜻으로 본 한국역사』라 고쳤다. 그는 고난의 역사를 고난의 말로 쓴 것이다. 게다가 방법에 있어서도 "지나간 일을 기록한다 하지만 지난날에 있었던 모든 일을 그대로 그려놓는 것이 역사가 아니다"라고 하여 뜻으로 풀어본 것이다. 그러니까 『성서적 입장에서 본 조선역사』는 창조주의 유일신앙을 토대로 한 일원론, 『뜻으로 본 한국역사』는 여러 가치를 인정하면서 풀이한 다원론으로 이루어졌다고 볼 수 있다.

이 한국사 관련의 두 책은 처음 30대에 집필하여, 50대에 대폭 수정을 가했다. 그런데 첫 책의 내용은 많이 부실했다. 사실의 오류와 함께 억지 논리가 군데군데 보였다. 두 번째 책에서는 오류와 억지를 많이 다듬었다. 그리고 사실의 적시나 평가보다 그야말로 뜻으로 풀이했다. 보기를 몇 가지만 들어보자.

첫째, 신라통일의 의미를 깎아내렸다. 반 토막 통일이었다는 인식이다. 따라서 북방의 발해사를 한국사로 인정해야 한다고 본 것이다. 둘째, 양반 당쟁 따위의 지배세력들이 벌인 정치행위를 심하게 매도했다. 그런 잘못된 권력투쟁이 나라를 망쳤다는 소박한 접근이었다. 셋째, 홍경래와 전봉준의 봉기를 높이 평가하면서 그 실패를 안타까워했다. 민중사적 접근을 보여준 것이다. 이때쯤에는 그도 아마 신채호나 박은식 같은 민족사학자의 글을 접했을 것이다.

그러나 그 한계는 여전히 드러나고 있었다. 홍경래나 전봉준의 지향 곧 신분제도 같은 봉건모순에 대해서는 지적하지 않았다. 그리고 단군과 고구려를 민족사상과 민족기상으로 표현하고 사대주의를 비판하면서도 임경업이 대명의리로 죽은 사실, 이민족을 짓누른 문명적 무기였던 중화사상에 대해서는 거의 언급이 없었다. 또 천주교가 식민지 백성의 고통을 외면했다고 지적하면서도 신교의 일제 식민지 통치 협조에 대해서는 구체적으로

언급하지 않았다. 이는 지면의 한정 탓만은 아닐 것이다.

이러한 한계를 지적하는 것은 그 책을 폄하하려는 의도가 아니다. 그가 역사학자가 아니라는 점을 말하려는 것이다. 그는 역사학자가 될 수도 없었다. 그리고 이 책에는 그의 사상성이 곳곳에 드러나고 있으나 역사철학적 접근은 아니다. 동양과 서양의 대비 대결을 언급했다고 해서 역사철학이라고 말할 수는 없다.

다만 의지에 철저했던 것이다. 이것이 곧 '뜻'이었다. 이것만 가지고도 이 책은 우리에게 많은 시사와 방향을 던져준다. 어느 인사들은 마치 그를 역사학자라거나 역사철학자라고 말하지만 그런다고 그가 더 돋보이는 것이 아니다. '뜻'으로 한국역사를 풀이하고 진단한 것만으로도 그는 훌륭한 공적을 쌓았다. 그러니 이 책은 역사책이나 역사철학책이 아니라 역사를 뜻으로 진단한 역사에세이요 이를 저술한 그는 역사에세이스트였다고 보아야 할 것이다.

## 씨올의 민중성, 창조성

함석헌은 식민지 시기부터 씨올에 의미를 부여해 왔다. 그러면 씨올은 어떤 개념을 지니고 있을까? 어떻게 보면 생명의 근원 같기도 하고 어떻게 보면 자아 같기도 하고 어떻게 보면 민중 같기도 하고 어떻게 보면 참이나 희생 같기도 하다. 그러니 한 마디로 개념을 정리할 수 없을 것 같다.

그는 민중에 대해서, 일제시대에 자신이 감옥에 드나드는 것을 민중은 멍하게 바라보고 있었고, 해방이 되자 언제부터 친했던 것처럼 가까이 오더니, 공산당이 나오자 다시 자신에게서 멀찍이 물러났고, 소련군 감옥에 가는 걸 보고는 "저 사람은 감옥 가는 것이 일이야"라고 했다고 말했다. 그러면서 이렇게 말했다.

나는 지금도 그들을 믿고 의심하지 않습니다. 이 이상 더 개인적 영웅주의에 서서 비판하는 눈으로 민중을 보고 싶지 않기 때문입니다.……병아리가 알을 깨고 나오듯이 씨올이 저를 깨고 나오는 날이 올 것입니다. 깨기 전은 씨올입니다. 깨면 전체입니다.

『죽을 때까지 이 걸음으로』「내가 맞은 8·15」

이로 보면 씨올은 근원적인 민중일 수도 있다. 민중과 개체는 어떻게 구분할까? "글은 씨올의 것이다. 씨올에서 나오고 씨올로 돌아간다.……글은 씨올의 하는 소리요 씨올이 들으라고 하는 소리다"라고도 했다. 그리고 "민중이 뭐냐? 씨올이 뭐냐? 곧 나다. 나대로 있는 사람이다. 모든 옷을 벗은 사람, 곧 알 사람이다"라고 했다. 그렇다면 민중과 씨올과 나, 삼위가 일체가 되는 것인가? 어려워서 이해 못할 지경이다.

그런데 씨올은 생명에서 환경으로도 이어지는 모양이다. 그의 담론 속에는 들-야인-청정-선, 도읍-관료-부패-악으로 이어지는 이분법적 설정도 있다. 그가 내린 공해의 정의를 보자.

똥은 식물의 거름이 되고 동물이 뱉은 탄산가스는 식물의 동화
작용에 섭취가 되게 되어 있습니다. 그런데 생각하는 인간이 그 생
각하는 힘을 잘못 써서 자기의 쾌락만을 구하게 되면 그 자연의 질
서를 깨뜨리고 생명에 해가 되는 너무 많은 찌꺼기를 내게 됩니다.
그러면 그때는 전체 생명 자체가 해를 받게 됩니다. 그래서 그러한
더러움을 공해라고 합니다.

『죽을 때까지 이 걸음으로』「씨울의 생명은 원원히 살아 있습니다」

그는 독재에 항거할 때에도 『씨울의 소리』를 계속 찍어 돌렸
다. 씨울의 의미를 찾으려는 사람들은 원효로 그의 집으로 몰려
들었고 이들은 다시 현장으로 달려갔다. 이들은 씨울의 의미를
얼마나 알았을까? 아무튼 잡지 형태의 『씨울의 소리』는 1970년
부터 배포되었고 때로는 필화에 걸려 정간과 복간을 반복하기도
했다. 그 내용들은 그의 만년의 철학적 사유의 응결이라 할 수
있다. 『성서조선』보다 훨씬 생명력이 강인했다.


## 군사독재에 항거하다

해방 뒤 함석헌이 감옥에 가게 된 직접적 배경은 계급독재 또
는 군사독재와 벌인 투쟁 탓이다. 그는 소련군이 진주한 고향 언
저리에서 용암포 자치원 원장 등을 지낸 뒤 1945년 신의주학생
사건에 연루되어 50일간 감방에서 보낸 것을 필두로 한 차례 더

체포되었다. 그는 그쪽 사회에서는 체질로나 사상으로나 살 수 없었다. 이 무렵부터 수염을 길러보았지만 웃음거리가 될 뿐이었다. 당시에는 김교신과 송두용도 없는 마당에 변변한 친구도 없었다. 그는 순박한 늙은 어머니를 남겨두고 남하했다. 그도 이산가족이 된 것이다.

그는 한국전쟁을 겪으면서 극심한 혼란에 빠져 사상의 대전환을 도모했다. 1958년 『사상계』에 "생각하는 백성이라야 산다"는 글을 실었는데, 이 글은 이승만 독재정권에 항거하는 내용을 군데군데 깔았다. 그리하여 남쪽에 와서 처음으로 20일간 구류를 살았다. 그러나 이것은 시작에 불과했다.

『사상계』는 같은 서북 지방 출신인 장준하가 발행인이었는데, 서북 지방 기독교 인사들 곧 안병욱, 함석헌, 안병무 등을 고정 필진으로 내세웠다. 이 잡지는 당시 3만 부가 시판되는 가장 인기 있는 지성잡지였으므로 함석헌에게는 대단한 혜택이었다. 한문 투가 아닌 쉬운 우리말을 구수하게 깔아 쓰는 그의 글은 대단한 인기를 누렸다.

4·19혁명이 전개될 때 그는 큰 역할을 하지 않았다. 학생들은 아직 그를 전면에 내세우지 않았다. 그런데 5·18군사쿠데타가 일어난 뒤에는 사정이 달라졌다. 『사상계』 발행인 장준하도 군사쿠데타를 반대하는 사람 중의 하나였다. 장준하는 함석헌에게 이를 반대하는 글을 써달라고 부탁했다. 함석헌은 그 현란한 문장으로 박정희와 그 일당을 공격하고 나섰다. 그 무렵 그는 『조선일보』에 글을 썼다.

　박정희님, 내가 당신을 국가재건최고회의 의장이라고, 육군대장
이라고 부르지 않는 것을 용서하십시오.……여러분은 여러 가지
잘못을 범했습니다. 첫째, 군사쿠데타를 한 것이 잘못입니다. 또
여러분은 아무 혁명이론이 없었습니다. 단지 손에 든 칼만을 믿고
나섰습니다. 그러나 민중은 무력만으로는 얻지 못합니다.……혁
명공약 지켜 물러가십시오.

　그는 직설 화법으로 공격했다. 아무도 그 시퍼런 칼날 앞에 오
금을 펴지 못할 때 필봉을 휘둘러 본연의 임무로 돌아가라고 외
쳤다. 그는 군인들에게서 '정신분열증 환자'라는 공격을 받았다.
1962년 그는 미국 국무성 초청으로 미국으로 가서 여행도 하고
강연도 하고 퀘이커 학교에서 공부도 했다. 그리고 유럽으로 건
너가 여행을 하고 있었다. 그런데 고국에서 그에게 날아든 소식
은 쿠데타세력이 민정으로 이양하는 과정에서 박정희가 대통령
후보로 나선다는 것이었다. 그는 분개하여 인도와 아프리카 여
행을 취소하고 고국으로 돌아왔다.

　그는 끊임없이 군사쿠데타세력에 맞서 싸웠다. 특히 1963년
굴욕적인 한일회담이 추진되자 학생들이 시위에 나섰다. 이때
그는 단식으로 맞서 항의했다. 이를 시작으로 그는 민족운동, 민
주화운동의 장정에 나섰다. 1970년 『씨올의 소리』를 창간하여 그
의 목소리를 담았다. 학생과 청년들은 그의 주변에 몰려들어 일
을 도왔다.

　그는 정치가들과도 손을 잡았다. 반민주적 조치가 있을 때마

다 그의 발길은 분주했고 반대조직을 만들기도 하고 만든 조직에 가담하기도 했다. 그 중요한 사례를 들어보면 이러하다. 1971년 삼선개헌반대투쟁 위원회와 민주수호국민협의회, 1974년 민주회복국민회의, 1976년 삼일민주구국선언, 1979년 민주주의와 민족통일을 위한 국민연합 등에 위원, 대표, 참여 등으로 이름을 올리고 투쟁의 대열을 이끌었다.

이 무렵 그는 간디의 비폭력 평화운동과 통합운동의 의미를 부각시키기도 하고, 노자, 장자 등 동양학 강의를 하기도 하고, 전태일 추도식에 참여해 씨올의 의미를 강조하기도 했다. 이 과정에서 징역을 살기도 하고 구류를 살기도 했으며 고난을 함께 해왔던 부인 황덕순을 사별하기도 하고 노벨평화상 후보로 추천되기도 했다. 분주하다면 분주했고 화려하다면 화려했다.

고난은 그치지 않았다. 비록 김재규에 의해 박정희 유신은 사라졌으나 다시 전두환 신군부와 투쟁해야 했다. 그는 다시 단식을 하기도 하고 구류를 살기도 하고 『씨올의 소리』를 폐간 당하기도 했다. 어찌 보면 6월 민주항쟁의 참여는 그의 마지막 생애를 장식했다고 말할 수 있다. 그는 군부의 호헌에 전면적 투쟁을 전개하려 결성한 민주헌법쟁취 국민운동본부의 고문을 맡았다. 그 항쟁의 선언문을 8명 고문의 이름으로 발표할 때 그의 이름이 맨 앞자리를 차지했다. 이는 상징적 의미를 지니고 있었다. 그는 끝내 신군부가 무릎을 꿇는 6월 항쟁의 결실을 보았다.

그런데 이 해 처음 암수술을 받고난 뒤 2년이 안 되어 세상을 뜨고 말았다. 한 평생 고난의 역정을 걸었으나 그는 88세의 장수

를 누렸다. 그의 장수비결은 절식, 채식 그리고 술과 담배를 멀리한 절제된 생활, 쉴 새 없이 움직이는 근면한 몸가짐에 있었다. 이 때문에 아무리 감옥을 들락거리며 시달리고 고문을 받았어도 버텨낼 수 있었다. 스스로도 말했지만 한의원인 아버지가 산삼을 많이 먹여 그 효과를 본 것이라고도 한다. 세상 소문이 믿을 것이 못 되지만, 그래서인지 가끔 젊은 여인과의 로맨스가 떠돌았다.

그는 고난에 찬 이 땅에 큰 족적을 남겼다. 무엇보다 종교인으로서 타락해가는 기독교의 반성을 글로 몸으로 외쳤다. 그의 민족, 민주, 인권, 평화를 위한 사상과 행동은 한 지성인 또는 사상가의 표본이 되었으며, 역사발전에 크게 기여했다고 평가할 수 있다. 우리는 오래 그를 기억할 것이다.

5부

# 구국의 길에 횃불을 밝힌 민족종교

최제우 / 나철 / 강증산 / 최시형 / 손병희 /

일제가 단군을 교묘하게 이용하여 민족정신을 흐리고 있을 때, 나철은 "국조인 단군을 올바로 선양해 민족정기를 세우고 민족독립을 지키기 위한 나라의 정신으로 삼아야 한다"고 역설하고, 서일, 여준, 신규식 등 민족지사를 규합해 민족종교인 대종교를 창시했다. 이후 대종교는 국내외에서 일제에 맞서 독립운동에 큰 힘을 발휘하는 중심단체가 되었다.

# 최제우
민족종교인 동학을 열다

## 서학에 맞서는 우리의 도, 동학을 창시하다

수운水雲 최제우崔濟愚(1824~64)는 새 종교를 창시한 인물로 널리 알려져 있지만 그를 더욱 유명하게 만든 계기는 1894년에 발발한 동학농민전쟁과 관련이 깊다.

그의 어릴 적 이름은 복술福述이었고 제선濟宣이라고도 불렀다. 그가 경주 가정리에서 태어날 적에는 안동 김씨의 세도정치가 한창 기승을 부리고 있었고, 민중들은 수탈에 견디지 못해 산과 섬으로 떠돌거나 도망가 숨었다. 그의 아버지는 근암近菴 선생으로 통하는 최옥崔鋈이었는데, 비록 선비로 행세했으나 가난했다. 그는 늦도록 아들을 두지 못하다가 과부가 된 첩을 둔 뒤 아들 복술을 얻었다.

　복술은 어릴 적부터 총명했을 뿐만 아니라 인물도 잘 생겨서 주위의 칭송을 한 몸에 받았다. 그러나 그의 불행은 계속되었다. 그가 여섯 살 적에 생모가 죽고 이어 열여덟 살 적에는 아버지마저 돌아갔다. 그는 외동아들이었지만 서자의 설움을 겪은 듯하다. 어느 때인지 그의 아버지는 양반가의 관례대로 가통을 이을 양자를 따로 두었다고 한다.

　그는 아버지의 3년상을 마치고 전국을 돌아다녔다. 전국을 주유하면서 비참한 민중의 생활을 보았고 모진 국가의 수탈과 이양선의 출몰로 민심이 들떠 있는 현실도 목격했다. 그 뒤 고향으로 돌아와 보니 살림살이는 말이 아니었다. 가난한 살림 탓인지 그는 때때로 처가가 있는 울산 나들이를 자주 했다. 이렇게 그는 20대를 보냈다. 30대에 접어들어 그는 민중을 구제할 생각에 깊이 골몰했다.

1855년(철종 6) 그는 고향 집 초당에 누워 있었다. 이때 금강산 유점사에 있다는 한 중이 와서 책 한 권을 내주며 말했다.

이 책을 탑 앞에서 얻었는데 그 내용을 아무도 풀 수 없었습니다. 생원이 박식하다고 하니 혹 풀 수 있는지요?

이에 그는 3일 만에 책 내용을 해독했다. 이 책은 유교와 불교에 관한 것으로, 기도의 요체를 적은 것이라고 했다. 아마 이때쯤 그는 어리석은 사람을 구제한다는 뜻의 '제우'로 이름을 바꾸고, 호를 수운이라 한 것으로 보인다.

최제우는 다음해 어떤 중과 함께 양산 통도사 뒤 천성산에서 단을 쌓고 '천주강령天主降靈'을 염원하는 49제를 올렸다. 그러다가 이틀 만에 숙부가 작고했음을 신통으로 알고 고향으로 돌아왔다. 과연 숙부가 작고해서 손수 초상을 치렀다. 이때 그는 천성산으로 돌아가지 않고 남은 논 여섯 두락을 일곱 사람에게 번갈아 헐값에 팔아넘겼다. 그리고 집 바깥에는 철물점을 내고 안에는 기도처를 만들어 못 마친 49제를 올렸다.

이렇게 몇 년을 보내자 가산은 탕진되었고 빚은 산더미처럼 쌓였다. 아마 철물점을 경영하다가 파산한 것으로 보인다. 이때 논을 산 일곱 사람이 사기당한 것을 알고 빚 독촉을 하다 끝내 그를 관에 고발했다. 그는 관가에 끌려 다니며 고초를 당했다.

어느 날 빚을 독촉하던 노파가 행패를 부리자, 최제우는 분을 못 이겨 손을 휘저어 밀쳤다. 그러자 노파가 기절하고 이어 죽었다. 노파의 아들과 사위가 몰려와 노파를 살려내라고 하자 그는 닭털 꼬리를 노파의 목구멍에 넣었다. 그러자 노파는 기침을 하고 피를 토하며 살아났다. 이 일로 그가 신명하다는 소문이 퍼졌다. 그 뒤 그는 생계를 꾸릴 수가 없어서 그의 아버지가 글을 가르치던 용담정으로 가서 세상과 인연을 끊고 유유자적하게 살기로 마음먹었다. 이렇게 1년쯤 보냈다.

1860년(철종 11) 4월, 장조카의 생일에 참석했다가 한기가 몹시 나서 거처로 곧 돌아왔다. 돌아와서도 몸을 제대로 움직일 수가 없었고 말도 제대로 할 수 없었다. 이때 공중에서 무슨 소리가 났는데 바로 상제의 음성이었다. 이때 상제로부터 병을 고칠 수 있는 영부靈符와 세상을 다스릴 수 있는 조화造化를 얻었다 한다.

그 뒤 최제우는 동학 창도에 나섰다. 그리하여 수심정기守心正氣(마음을 지켜 기를 바로잡음), 곧 큰마음을 가다듬어 기를 다루는 공부에 열중했다. 이어 「용담가龍潭歌」, 「교훈가敎訓歌」 등 한글 가사를 지어 전파하고 마음속에 한울님을 모시는 일에 열중했다. 다음해에는 정식으로 "지기금지至氣今至 원위대강願爲大降 시천주侍天主 조화정造化定 영세불망永世不忘 만사지萬事知", 곧 "지극한 기운이 지금 이르러 크게 내리도록 비나이다. 한울님을 모셔 조화가 정해지는 것을 영세토록 잊지 아니 하면 온갖 일을 알게 되나이다"라는 21자의 주문을 지어 늘 염송하게 했다. 그리고 그 도를 천도天道 또는 동학이라 했다.

그는 열심히 경주 주변 사람들에게 동학을 가르쳤다. 당시 민간에 널리 퍼지던 천주교를 서학이라 불렀는데, 이 서학에 맞서 우리의 도를 천명한 것이라는 뜻으로 동학이라 했다. 하지만 천주라는 용어를 써서 오해를 불러 일으켰다.


## 끝내 잡혀 순도하다

이 해 11월에 들어 최제우는 전라도로 발길을 돌렸다. 그리고 남원에 머물다가 주변 마을을 돌며 포덕布德에 힘썼고, 남원 은적암에서 「권학가勸學歌」 등을 지어 돌렸다. 그리고 이듬해 3월에 경주로 돌아와 교도의 집에 숨어서 포덕에 열중했다. 이즈음에는 동학이 빠른 속도로 전파되어 경주 고을은 주문소리로 요란스러웠다고 한다. 특히 이 해에는 임술민란으로 일컬어지는 삼남농민봉기가 있었다. 그리하여 관에 쫓기는 농민, 농사를 지어도 굶주리던 농민들이 동학에 입도했다. 최제우는 관의 눈을 피해 몰려오는 농민들을 가르쳤다. 이들은 새로운 희망에 들떠 있었다.

이럴 적에 경주에 살던 해월 최시형이 소문을 듣고 찾아왔다. 최제우는 자신을 걱정하고 수도에 열중하는 최시형에게 특별한 관심을 기울였다. 당시 쫓기는 몸이었던 자신의 입장에서 믿음직한 제자를 둔 것은 어찌 보면 뒷날을 생각해서 꼭 필요했을 것이다.

　당시 경주에 윤선달이라는 사람이 살았는데, 경주부의 영장營
將과 친한 사이였다. 그는 영장에게 동학교도가 1천여 명이 되니
이들을 잡아들여 돈을 우려내자고 꼬였다. 그리하여 최제우는
경주부로 잡혀가게 되었다. 최제우가 잡혀가자, 주변의 동학교
도 6~7백여 명이 관정으로 몰려들었다. 영장은 최제우의 늠름
한 모습과 조리 있는 언변에 눌려 있는 데다 교도들이 관정에 밀
려오자 겁을 먹었다. 더욱이 교도들은 윤선달을 잡으려고 관아
를 뒤지고 있었다.

　윤선달이 잡혀 나오자, 최제우는 이를 풀어주게 했고 자신도
풀려나왔다. 그가 경주에 머무르는 것은 불안하기 짝이 없는 일
이었다. 이에 최시형의 주선으로 흥해로 옮겼고, 이곳에서 처음
으로 각지의 접주接主를 임명해서 동학을 조직화했다. 그리하여
경주를 비롯, 영덕, 영해, 대구 등지에 접주를 두었고, 자신은 영
천 등지를 다니며 포덕에 적극 나섰다.

　이런 탓으로 이때쯤에는 경주만이 아니라 경상북도 일대에 동
학이 널리 퍼지기 시작했다. 이렇게 되자 상주 등지의 유림들은
통문을 돌려 동학이 사학邪學임을 밝히고 그 전파를 막기에 노력
했다. 그러나 동학의 전파는 결코 막을 수가 없었다. 특히 관에
서는 이들을 주목하지 않을 수 없었다. 후천개벽설이나 검가劍歌
(칼놀이. 이들은 칼춤을 추며 검가를 부르는 의식을 벌였다)가 사회를 불안하
게 한다고 생각했다.

　1863년 12월, 조정에서는 그를 잡아들이라는 엄한 명령을 내

렸다. 제자들이 이 정보를 입수하고 몸을 피하라고 권고했지만 그는 이를 거절하고 조용히 잡혔다. 최제우는 포졸들에 이끌려 25명의 제자들과 함께 상주를 거쳐 문경새재에 당도했다. 이때 새재에는 그의 교도 수천 명이 몰려 있었다. 그들은 포졸들의 손에서 그를 빼내려 했다.

그와 그의 일행은 과천까지 잡혀갔다가 마침 철종이 승하한 탓으로 대구 감영으로 돌아왔다. 국상이 날 적에는 서울에서 옥사를 벌이지 않는 것이 관례였기 때문이었다. 그가 대구 감영에 갇혀 문초를 받을 적에 그의 제자들이 대구로 몰려와 그를 구출하려는 움직임을 보였다. 최시형도 여기에 끼어 있었다. 최제우는 다리가 부러질 정도로 모진 고문을 당했다. 그러면서도 최시형이 대구부내에 있다는 말을 듣고 "어서 멀리 도망치라"고 지시했다. 이리하여 최시형은 동학의 포덕을 위해 눈물을 흘리며 대구를 벗어났다.

최제우는 좌도난정左道亂正의 죄목으로 달성공원에서 처형되었다. 득도하여 동학을 포덕한 지 3년여 만에 잡혀 죽은 것이다. 최제우의 처자들은 풀려났지만 제자들은 유배되었다. 그가 죽고 난 뒤 그의 아내와 자식들은 몸을 피해 산속으로 들어갔고 최시형 역시 끝없이 잠행을 했다. 그리하여 동학은 비록 지하로 들어갔지만 가난하고 핍박받던 사람들은 계속 동학에 입도했다.

# 인간은 천부적으로 평등하다

여기서 동학의 가르침을 구체적으로 알아보자. 동학은 인간 중심을 내세운 종교라고 규정해도 본질에 어긋나지 않을 것이다. 곧 인시천人是天이라는 종지에서도 단적으로 표현된다. 이를 시쳇말로 표현하면 평등사상이다.

전체로 볼 때 동학은 자연과 인간의 조화를 이루되 인간 중심적 사회종교라는 것, 나라와 시대의 모순을 고민하는 보국종교라는 것, 기층민의 고통을 해방하려는 민중종교라는 것으로 개념을 정리할 수 있다. 이것은 앞뒤에 걸쳐 '사람을 한울처럼 섬겨라(事人如天)'와 '나라를 돕고 백성을 편안케 하라(輔國安民)' 그리고 '널리 민중을 구제하라(廣濟蒼生)'라고 가르친 데서 뚜렷이 드러난다.

동학의 창시자 최제우의 사상적 기저는 아버지 최옥에게서 크게 영향을 받았다. 최옥은 과부의 개가를 허용하고 그 자손을 차별하는 정책은 옳지 못하다는 글을 남기기도 했다. 다만 "이는 조정에서 법을 만들고 시행하는 자들이 알아 처치할 일이어서 초야의 보잘것없는 선비가 쉽게 따질 것이 아니다"라는 말을 하여 온건한 견해를 드러냈다. 실학자의 풍모를 지녔다고 볼 수 있다.

조선왕조는 통치질서의 골간을 차별적 신분제도에 두었다. 양반을 정점으로 하여 상민, 천민으로 계층을 분류해 차별을 가했다. 양반사회 내부에서도 적서嫡庶의 차별을 두었다. 또 과부의 재가를 허락하지 않았으며 그 자손들에게도 서자와 함께 사회적

불이익을 주었다. 최제우는 서자였다. 최제우는 자신이 서자라는 관념을 떨쳐버릴 수 없었을 것이다.

최제우가 제시한 21자의 주문은, 지기금지 원위대강을 강령주降靈呪, 시천주 조화정 영세불망 만사지를 본 주문으로 삼았다. '지기'는 기일원론氣一元論의 우주관이다. 유교에서 이기理氣는 인간 차별적 관념으로 설명되었으나(주리설主理說) 서경덕은 이를 인정하지 않고 기일원론으로만 해석했다. 서경덕은 곧 우주 만물은 기의 작용으로 생성하고 발전한다고 본 것이다. 그리고 우주 만물에는 인간도 포함된다. 그리고 이이는 이는 기의 작용을 돕는 원리로 보았으나 기의 부수적인 요인으로 설파했다. 더욱이 그는 이기를 인간주의적 관점에서 이해하려 했다.

이런 기의 관점에서 우주와 인간을 보면 인간은 천부적으로 평등하다는 논리로 귀결된다. 따라서 '지기'는 개벽의 시대를 의미한다. 개벽은 모든 것을 바꾸는 변혁의 시공時空이다. 최제우는 여러 대목에서 막연한 개념으로 기를 말하고 있다.

천주는 한울님으로 유교에서 말하는 상제요 천주교에서 말하는 창조주이다. 북경에 와서 선교활동을 벌인 이탈리아 선교사인 마테오 리치는 창조주와 상제를 동일하게 보는 이론을 낸 적이 있다. 한울님은 만물의 주재자이다. 그의 뜻을 거역하면 재앙을 받는다.

조화는 바람이 불고 비가 오며 해가 뜨고 계절이 바뀌는 만물의 생성원리이다. 이를 두고 '가서 다시 돌아오지 않는 이치가 없다'는 순환관을 피력했다. 따라서 '하늘이 조화를 부리는 것'

이다. 운수도 조화 속에서 나온다.

하지만 최제우는 한울님과 조화에 대해 명확한 개념을 제시하지 않았다. 그가 이를 이론 틀에 맞추어 제시했다면 다양한 해석과 종교적 신비감이 사라질 것이다. 다만 '시侍'자의 풀이에서 안으로는 신령이 있으며 밖으로는 기화氣化가 있어서 모든 세상 사람들이 각자 알아서 옮겨가지 않는 것이다(『논학문論學文』)라고 풀이했다.

그렇다고 해서 자연의 합리적 질서의 바탕에서 생명이 출현하고 진화 발전이 기계적이며 맹목적 우연이라고 보는 무신론에 동의한 것은 아니다. 이는 범신론적 접근이 아니다. 한울님을 믿고 조화를 따르면 '사람이 곧 하늘이다(人是天, 뒤에 人乃天)'의 관계가 성립된다. 하늘을 받드는 사람은 사람을 하늘처럼 받드는 것과 동일하다는 것이다. 마지막 대목인 '만사지' 즉 만사를 안다는 것은 개벽의 시대에 동참한다는 의미가 아니겠는가?

최제우가 인간평등을 실천적으로 보여준 사례를 한 가지 들어보자. 최제우는 두 여종을 거느리고 있었는데, 그가 동학을 포덕할 적에 한 여종은 며느리로, 한 여종은 수양딸로 삼았다. 그리고 그의 수제자 최시형은, 교도들에게 신분의 고하를 막론하고 맞절을 하게 했다. 이런 탓으로 종의 신분을 가진 사람, 가난에 찌든 사람, 양반에게 천대받던 사람들이 동학에 몰려들었다. 최시형 등의 끊임없는 노력으로 동학은 전국에 계속 퍼져 1890년대에는 교도가 수백만을 헤아렸다. 그리하여 1894년 우리나라 역사에 한 획을 긋는 동학농민전쟁이 일어났다. 이 농민전쟁이

동학 때문에 일어났는지에 대해서는 논란의 여지가 있겠지만,
최제우가 그 단초를 만들었다는 사실은 어김이 없을 것이다.

# 나철
독립투쟁의 정신적 구심점을 만들다

## 독립운동의 한 방편으로 단군교를 창시하다

1909년 서울 재동에 있는 취운정이라는 조그마한 정자에는 차가운 겨울바람을 무릅쓰고 주위를 두리번거리며 사람들이 모여들었다. 나인영羅寅永(1863~1916), 오혁吳赫, 이기李沂, 김윤식金允植, 유근柳瑾, 김인식金寅植 등 예정된 인원 수십 명이 모이자, 나인영이 엄숙한 얼굴을 하고 일어섰다. 그리고 단군의 역사와 내력을 설명해나갔다. 이어 그는 "국조國祖를 받들어 민족정기를 세우고 민족독립을 지키기 위한 나라의 정신으로 삼아야 한다"고 역설했다.

이리하여 단군교(뒤에 대종교로 고침)가 창시되었다. 나라가 일본의 침략세력에 짓밟히자, 이 지사들은 국조를 받들어 민족자존을 지켜야 할 필요성을 절감했던 것이다. 다시 말해 민족종교를 민족의식을 고취하는 방편으로 삼아야 한다는 것이다.

그러면 단군은 누구인가? 말할 것도 없이 약 4천 3백여 년 전 한민족의 군장으로 나라를 연 역사상의 인물이다. 이 단군에 대해서는 『삼국유사』는 물론 중국의 기록에도 나온다. 실학자 안정복은 『동사강목』에서 "단군이 1천 년 이상을 살았다는 『삼국유사』의 기록은 그 자손이 대대로 왕위를 이어 단군조선이 유지된 연대를 합한 것을 뜻한다"고 했다.

물론 단군조선이 오늘날의 한반도 전체를 통치했다고 볼 수는 없으며, 흔히 나라마다 그러하듯, 신화적인 요소가 가미되어 우리나라의 건국설화를 이루고 있다. 단군이 다스리던 영토는 뒤에 고구려가 이어 다스렸고 신라가 삼국통일을 이룩할 적에는 '한 조상 아래 같은 민족'이라는 민족정신을 강조하여 통일의 밑거름으로 삼았다. 이런 단군정신은 조선왕조에 들어와서도 끊임없이 이어져왔다.

일본 제국주의가 이 땅에 와서 판을 칠 적에 일본인들은 민족정신과 연관되는 하나의 공작을 꾸몄다. 그들의 역사가 우리보다 낮은 것을 호도하고 일본과 우리가 같은 형제의 뿌리임을 내세우기 위해서 단군과 일본의 천조대신天照大神이 형제간이라고 떠벌리고 친일파 윤택영, 이재극 등을 내세워 사당을 짓게 하고 단군과 천조대신을 받들게 한 것이다(박장현『해동춘추』).

이렇게 일본이 단군을 이용하여 민족정신을 흐리고 있을 때에 나인영은 단군교를 창시했던 것이다. 그리고 단군의 선양을 통

**나철** 그는 새로운 투쟁의 전환을 위해 단군교를 대종교로 이름을 바꾸고 민족지사들을 규합했다. 대종교는 그의 뜻대로 큰 힘을 발휘하는 단체가 되었다.

해 모든 국민에게 민족정신을 불어넣으려 했다. 이때 나인영은 이름을 나철羅喆로 바꾸고 단군교의 교조가 되었다. 이때부터 나철의 민족운동이 눈부시게 전개된다.

## 구국운동에 앞장서다

그러면 나철은 어떤 인물인가? 그는 전남 보성군 벌교에서 지주의 둘째 아들로 태어났다. 그는 글을 익히면서 부모의 기대에 따라 과거공부에 열중하여, 1894년 동학농민전쟁으로 나라가 시끄러울 적에 길을 달리해 대과에 장원했다. 조선시대에 벼슬살이의 길이 거의 막혔던 호남의 인사로 장원까지 했으니 부모의 기대는 부풀 수밖에 없었다. 그리하여 그는 역사기록을 담당하는 주서注書라는 벼슬을 얻었다.

열혈남아 나철은 몇 년 동안 벼슬자리에 있으면서 나라 돌아가는 꼴이 말이 아님을 뼈저리게 느꼈다. 그리하여 세무서장 따위의 벼슬이 주어졌지만 모두 팽개쳤다. 그는 나라를 바로잡을 인재들을 찾았다. 이에 강진 출신의 오혁을 만났고 부안 출신의 이기 등을 동지로 맞이했다.

1904년 러일전쟁 뒤 나라는 점점 기울어지고 일본의 침략 마수는 더욱 음흉하게 뻗어왔다. 이에 나철은 동지들과 함께 일본으로 건너갔다. 그리고 일본 요로에 "동양 평화를 위해 두 민족이 서로 공존하며 각기 주권을 존중하자"고 역설했다. 그러나 이토 히로부미 등은 나철 일행을 만나주지 않고 푸대접을 했다. 나철은 일본의 이성에 호소해보아야 아무 소득이 없음을 깨달았다. 궁극적으로 민족독립을 지키기 위해서는 무력항쟁의 길밖에 없다고 판단한 것이다. 그가 일본에서 돌아왔을 적에는 이른바 을사조약이 맺어져 나라의 외교권이 일본에 송두리째 넘어가는 등 주권을 빼앗기고 반식민지 상태로 전락하고 있었다.

5천 년의 역사를 가진 민족, 5백 년을 지탱해온 왕국이 섬나라 오랑캐에게 주권을 빼앗기는 것을 멀거니 보고만 있을 나철이 아니었다. 그의 피는 끓어올랐다. 그는 맨 먼저 을사조약에 도장을 찍은 박제순, 이완용, 권중현 등을 암살하기로 결심했다. 그는 오혁, 김인식 등의 동지들과 함께 감사의용단敢死義勇團을 조직하여 20여 명의 단원을 모았다. 이들은 자금을 마련하여 권총을 구입하고 단원들을 훈련시켰다. 나철은 "2천만 민족의 노예의 굴레를 벗기기 위해 함께 목숨을 바치자"는 동맹서를 작성했고 이기에게 "나라를 팔아먹은 5적을 민족의 이름으로 응징한다"는 참간장斬奸狀을 쓰도록 부탁했다.

그들은 5적의 집마다 권총을 소지한 행동부대를 배치하여 아침에 대문을 열 적에 일제히 쳐들어가 죽이기로 작전을 짰다. 그러나 무기구입 등 여러 활동 자금이 모자라자 여기저기에서 자금을 끌어댔고, 그것도 뜻대로 안 되자 위조지폐를 찍어내기도 했다.

다시 5적이 대궐로 들어갈 적에 행동대원이 한꺼번에 총을 쏘기로 계획을 세웠으나 5적의 입궐시간이 달라 실행되지 못했다. 나철 일행은 폭탄을 넣은 상자를 선물로 위장, 박제순, 이완용에게 보냈다. 뱀같이 약은 박제순이 폭탄임을 알아차리고 이완용 등에게 연락, 선물상자를 열지 말라고 당부했다.

이들은 어쩔 수 없이 각자 5적을 분담하여 권총 저격을 시도했다. 그리하여 이홍래라는 청년이 길가에 숨어 있다가 권중현에게 총을 쏘았는데 빗나가 부상만을 입히고 말았다. 이홍래는 곧 잡혀 모진 고문을 당하고 배후세력을 실토했다. 그리하여 18명의 동지들이 잡혀갔다. 나철은 동지들의 희생을 줄이기 위해 자신이 주동자임을 내세워 자수했다. 그리하여 그는 10년의 유배형을 받고 지도로 귀양 가는 몸이 되었다. 그 밖의 다른 동지

들은 교수형에 처해지기도 하고 귀양 가기도 하는 등 엄한 처벌을 받았다. 그는 다행히 5개월 뒤에 특사로 풀려났다. 그러나 실의에 젖어 있기에는 그의 애국심이 용납하지 않았다.

나철은 오혁과 다시 어울려 새로운 계획을 꾸몄다. 마지막으로 일본 지식인과 손을 잡고 일본의 이성에 또 한 번 호소해보기로 한 것이다. 나철은 그의 몫으로 주어진 상속재산이 거의 거덜이 났지만 나머지 재산을 챙겨 일본으로 건너갔다. 그는 오혁과 함께 밤낮으로 뛰어다니며 일본 지식인들에게 "조선의 침략을 막아 달라"고 호소했다. 그러나 그들의 말은 쇠귀에 경 읽기였다. 그들은 끓어오르는 분노를 억누르며 다시 고국으로 가는 배에 몸을 실을 수밖에 없었다. 그의 나이도 40대 중반에 접어들고 있었다.

이리하여 나철은 새로운 투쟁의 전환을 위해 단군교를 창시하게 되었다. 이어 대종교大倧敎로 이름을 바꾸고 민족지사들을 규합했다. 대종교 아래로 서일徐一, 여준呂準, 조성환, 신규식 등 많은 청장년의 독립투사들이 모여들었다. 대종교는 그의 뜻대로 큰 힘을 발휘하는 단체가 되고 있었다.

그런데 일제의 마수가 대종교를 가만 내버려둘 리가 없었다. 일제는 대종교를 종교단체로 보지 않고 민족독립단체로 지목하여 갖가지 탄압을 가해왔다. 집회를 금하는 것은 물론 자금 출처를 조사하기도 했으며, 자금의 용도를 제한하기도 하고 회원의 동정을 엄중히 감시했다. 이런 마당에서 대종교의 활동이 제대로 뻗어 나가기는 매우 어려웠다. 또다시 새로운 전기를 열어야 했다.

# 독립운동에 하나의 거름이 되다

그는 하나의 결단을 내렸다. 그리고 단군의 유적이 있는 구월산으로 들어갔다. 그곳에서 단식을 하며 깊은 성찰의 시간을 가졌다. 그는 따라온 엄주천 등의 제자들에게 독립투쟁에 헌신할 것을 마지막으로 당부하고 1916년 한가위, 달도 휘영청 밝은 밤에 선술仙術의 비법으로 호흡을 조절하여 스스로 목숨을 끊었다.

나철의 죽음은 즉각 서울의 동지들에게 전해졌다. 특히 서울 제기동에서 병으로 누워 있던 오혁은 심한 충격을 받았다. 조용하던 구월산은 갑자기 많은 사람들로 정적이 깨지고 있었다. 그의 유해는 유언대로 단군이 활동하던 무대요, 고구려의 땅이었던 북간도의 청파호 옆으로 옮겨졌고 그곳에 시신을 뉘였다. 그의 묘소는 백두산 가는 길가에 자리잡았다. 그는 이 땅의 독립운동에 하나의 거름이 되었다.

나철이 죽자, 대종교 본부는 서울에서 만주 북간도로 옮겨졌다. 이 나라의 국조를 받드는 대종교가 제 나라에 터를 잡지 못하고 삭풍이 몰아치는 남의 땅에 본부를 마련한 것이다. 나라 잃은 백성의 설움이요, 통탄일 수밖에 없다.

그러나 나철의 죽음과 대종교 본부의 이전은 독립운동에 새로운 전기가 되었다. 대종교 회원을 중심으로 한 북로군정서北路軍政署가 만주에서 탄생되었고, 이 기구를 통해 군사를 길러 무력항쟁을 할 준비를 진행시키는 한편, 민족교육을 줄기차게 벌였다. 그리하여 이시영, 김규식, 조성환 등이 이를 통해 독립운동

을 전개했다. 1918년 대종교의 지도자 서일, 여준 등이 중심이
되어 3·1운동 이전에 최초로 독립선언서를 발표하기도 했고,
1920년 대종교도 김좌진, 이범석 등이 홍범도와 연합해 청산리
전투라는 빛나는 독립전쟁을 벌여 큰 승리를 거두기도 했다.

한편 상해에서는 대종교 지도자인 신규식, 박은식, 신채호 등
이 프랑스 조계를 근거지로 삼아 상해 임시정부의 토대를 마련
했다. 임시정부 후기에 와서는 김구, 조소앙, 박찬익 등이 모두
대종교 교도들로, 이들은 줄기차게 독립투쟁을 전개했다.

광복 뒤 이 독립투사들이 중심이 되어 홍익대학(초대학장 이시영)
을 창설하는 등 대종교 활동을 활발히 벌였으나, 이승만과 정치
노선을 달리했기 때문에 제 나라에서 또 한 번 탄압을 받아야 했
다. 그리하여 오늘날에는 겨우 명맥만 유지하고 있을 뿐이다.

단군을 통해 민족정신을 함양하자는 대종교, 그리고 민족독립
을 쟁취하기 위해 줄기찬 활동을 벌었던 나철, 이런 정신을 이어
항일투쟁을 벌였던 많은 독립투사들이, 단군을 모시는 일이 우
상숭배라고 반대하는 오늘날의 일부 기독교 교파의 움직임을 들
었다면 뭐라고 할까? 적어도 단군을 받드는 일이 일본의 신사참
배와 같은 성격의 것이 아니라면, 우상숭배라고 몰아붙이는 처
사에 대해 깊은 성찰이 요구된다. 나철은 오늘날까지도 이 땅 정
신사에 큰 빛을 던지고 있다.

# 강증산
기성종교와 민간신앙을 수렴한 꿈과 희망



1894년, 봉건 잔재를 청산하고 일본 침략세력을 타도하기 위해 동학농민군은 곳곳에서 봉기했다. 무도한 권력에 압제를 받았던 자, 농사를 열심히 짓고도 빼앗기기만 했던 자, 아무 죄 없이 얻어맞고도 하소연할 수 없던 자, 마누라와 재산을 빼앗기고도 말 한 마디 못했던 자들이 쇠스랑과 죽창을 들고 한번 맺힌 원과 한을 풀어보려 했다. 또 외국 세력이 이권을 앗아가는 모습을 보고 분통이 터진 자들도 힘을 합했다.

이럴 즈음, 스물네 살의 건장한 한 젊은이가 이곳저곳을 기웃거리고 다녔다. 특히 동학의 모의장소나 동학군이 몰려다니는 곳을 찾아다니며 "겨울에 쫓겨서 죽임을 당할 것이다"라고 하거

**시루봉**  강증산의 탄생지로 알려진 시루봉[증산].

나, "무고한 생민을 전화戰禍에 몰아들이지 말라"거나 "이렇게 위험한 때에 어찌 경솔하게 몸을 움직이리오" 따위의 말을 하며, 자기를 따를 것을 권하면서 딴지를 걸었다(『대순전경大巡典經』 제1장 12~20절).

안필성安弼成, 김형열金亨烈 등이 이 말을 듣지 않고 계속 동학 농민군을 따라 청주병영 앞에 이르렀다가 관군에 쫓겼다. 그들이 소나무 숲으로 들어오자(『정감록』의 '이재송송利在松松'을 비유한 듯하다), 그들 앞에 불쑥 나타난 청년은 "너희들은 도망하여 왔도다. 이곳은 안전하니 안심하라"고 말했다. 어찌 보면 훼방꾼이요, 어찌 보면 무고한 생명이 죽는 것을 안타까워한 것이리라. 어쨌든 안 필성과 김형열은 감복하여 평생 동안 그 청년의 제자가 되었다.

이 청년이 강증산姜甑山(1871~1909)이다. 이름은 일순一淳, 증산은 그의 호이나 세상 사람들은 보통 강증산이라 부른다.

강증산은 이 나라가 쇠망해갈 적에 태어나 생애를 보냈다. 그의 고향집은 전라도 고부군 우덕면 객망리(손바래기, 지금의 정읍시 덕천면 새터마을)이다. 당시에는 새댁이 아기를 배면 친정에 가서 해산하는 관습이 있었는데, 그의 어머니도 고부군 답내면 서산리(지금의 정읍시 이평면 팔선리)에 있는 친정에 가서 해산을 했다. 그는 시골 가난한 선비 집안의 14대 종손으로 태어났다. 그의 어머니는 하늘이 남북으로 갈라지며 큰 불덩어리가 내려와서 몸을 덮자 온 천하가 환하게 밝아지는 태몽을 꾸었다 한다. 그리하며 열석 달 만에 세상에 나왔다고 전한다(『대순전경』 제1장 1~2절). 이 탄생설화는 꾸며낸 이야기에 지나지 않는다.

사람들이 구원자로 받드는 이들에게서 흔히 나타나듯이, 이 아이는 여느 사람들과는 다른 모습이 있었다고 전해진다. 특히 모습이 꼭 금산사의 미륵불을 닮았다고도 한다. 항상 그렇듯, 그도 어릴 적에 글을 배웠고 '하늘 천' 자를 배우자 하늘의 이치를 알고, '따 지' 자를 배우자 땅의 이치를 알았다고 하며, 열다섯 살 적에는 배울 것이 없었다고 전한다. 그가 어릴 적 비범했던 이야기를 한 가지만 해보기로 하자.

열세 살 되던 계미년에 모친이 친히 짠 모시베 예순 자를 마을사람 유덕안에게 들리고 정읍장에 팔러 가셨는데, 덕안은 다른 일이 있어서 다른 곳에 가고 천사天師(강증산을 말함)께서 모시베를 포목전

곁에 놓고 앉아 계셨더니 문득 딴눈을 파는 사이에 모시베를 잃어 버렸더라. 덕안이 이 말을 듣고 빨리 돌아와서 찾으려 하나 날은 저물고 많은 사람 중에 찾을 길이 없으므로 할 수 없이 집으로 돌 아가시기를 청하니, 천사 듣지 아니 하고 즉시 고창으로 가시며 가 라사대 내일 들어가리라 하시거늘 덕안은 어찌 할 수 없이 혼자 돌 아가니라. 이튿날 천사, 모시베 값을 가지고 돌아와서 모친께 올리 시니 온 집안이 이상히 여겨 사실을 물으매, 가라사대 모친이 무한 한 근고를 들여서 짜신 물건을 잃었음에 얼마나 애석히 생각하실 까 하여 오늘이 고창장이므로 반드시 장에 나올 듯싶어서 바로 고 창장으로 갔더니 다행히 팔아왔나이다 하시니라. (현대어로 고침)

『대순전경』 제1장 10절

이것은 그를 신격화하려는 일화이다. 강증산이 성년이 되자, 여기저기서 중매가 들어왔는데, 그의 부모는 마흔 번이나 퇴짜 를 놓았다. 이리하여 그때로서는 노총각(스물한 살)의 신세가 되었 다. 매파의 발길이 끊기자, 그의 부모는 초조해했다. 이럴 즈음 에 중매가 들어와 선도 보지 않고 성혼을 시켰는데, 장가를 들고 보니 절름발이였다. 그러나 신랑은 병신 아내를 아무렇지도 않 게 생각하면서 아껴주었다(『증산종단개론甑山宗團槪論』).

# 김일부의 세계운명론을 접하다

강증산은 이즈음 전국을 돌아다녔다. 그는 가는 곳마다 참담한 민생을 보았고, 희망을 잃은 민중을 보았으며, 꺼져가는 나라의 운수를 보았다. 그는 두 차례에 걸쳐 전국을 돌면서 많은 곳을 돌아보고 많은 사람을 만난 것으로 보인다. 동학농민전쟁이 끝난 뒤 세상은 더욱 어지러웠고, 민생은 더욱 수렁으로 빠져들었다.

그는 유불선 합일의 동학이 결국 그 한계에 다다랐다고 보았다. 그런 탓인지 그는 동학농민전쟁이 실패로 끝난 뒤 고부 유생들이 이를 축하하는 시회를 벌이자 여기에 참석하기도 했고, 뒤에 친일단체 일진회가 결성되어 전주로 들어올 적에는 전주 아전들이 이들과 일대 결전을 벌이려 하자, 이들을 화해시키는 글로 이적을 보이기도 했다.

그는 스물여섯 살 무렵, 유불선, 음양도참, 고신도古神道 같은 내용을 알아보았다고 전한다. 그리고 다시 전국을 두루 다닌 끝에 연산인내에 사는 김일부金一夫(이름은 재일在一 또는 항恒)를 찾아갔다. 김일부는 정역正易을 제창하여 '일부주역'으로 널리 알려져 있었고, 많은 제자도 거느리고 있었다. 김일부는 다음과 같은 주장을 했다.

1년이 춘하추동 네 철로 서로 바뀜과 같이 세계도 또한 목화금수 木火金水의 네 큰 운수로 서로 바뀌는 것이요, 현대는 화火, 금金 두 운이 교대하는 가을 운수가 처음 이르는 시대이니 가을걷이를 할

적에 초목이 결실을 맺는 것과 같이 현대는 인문人文의 결실시대인 즉 유불선 삼교가 통일 집성될 것은 필연의 세라고 설파하였다. 그리하여 사운질대四運迭代의 세계관으로 최수운의 삼교 합일설에 운명론적 설명을 부여하려고 하였다.

이정립 「대변국大變局에 대한 이일선李日鮮 입장」 『대순철학』의 결론

이 말은 곧 동학의 삼교 합일의 융합적 의미를 극복하고, 천지운명으로 새 시대가 열린다는 뜻이 될 것이다. 강증산이 김일부(1898년 사망)를 만난 것은 큰 의미를 지니고 있다. 그는 방황하는 동학교도를 모으고 김일부의 세계운명론을 알려 새로운 교의를 제시할 필요성을 느낀 것이다.

## 모든 차별이 없어져 낙원으로 화하리라

강증산은 서른한 살 적에 모악산 대원사에 들어가 본격적으로 도를 닦기 시작했다. 그는 1년 동안 이곳에서 수련을 거듭한 끝에 천지대도를 깨달았다 한다. 그는 또 마지막 49일 동안 불음불식한 끝에 성도를 이룩했다 한다. 그러면 왜 그는 모악산을 성도의 터로 정했을까?

모악산은 미륵불이 모셔져 있는 금산사가 있는 곳이다. 금산사는 신라의 진표율사眞表律師가 꿈에 미륵불의 가르침을 받아 창건한 절이요, 미륵불은 미래의 이상세계에 출현한다는 부처이

다. 신라 말기의 진훤도 이곳 미륵불의 원력으로 후백제를 세웠으며, 이 미륵불은 신비에 싸인 진묵대사震默大師의 화신이라고도 전해진다. 희망 없는 민중들은 이 미륵불 앞에서 미륵의 출현을 간절히 소구하기도 했다. 그가 태어났을 적에 그의 얼굴이 금산사의 미륵불을 닮았다고 했다. 그러므로 모악산을 성도의 터전으로 잡은 것은 심상한 일이 아니었다.

강증산은 성도한 뒤 이곳을 떠났다. 그리고 김형열 등의 많은 제자들을 모아놓고 천지공사天地公事를 벌였다. 그는 천지공사를 주도하면서 24인(1년의 24절기를 뜻함) 또는 33인(삼천대천세계를 뜻함) 등으로 나누어 맡게 했다. 그러면 '천지공사'는 무엇인가?

그는 천지공사를 할 적에 많은 사람을 모은 탓으로 의병을 모의한다는 혐의로 일제 경찰에 끌려갔다. 이에 그는 의병이 아니라 '천지공사'를 한다고 말하고 "이제 혼란복멸混亂覆滅에 임한 천지를 개조하여 이 세상을 열고, 대비겁大悲劫에 싸인 사람과 신명神明을 널리 건져 각기 안락을 누리게 하려는 모임이로다"(『대순전경』 제4장 47절)라고 설명했다. 이에 대해서는 뒤에서 자세히 언급하겠다.

천지공사를 행하기 위해서 조화정부造化政府를 열었다. 조화정부는 '천지 안의 모든 신명이 한 자리에 모여 회의하는 것을 일컫는 동시에, 천지 안의 모든 일을 결정하고 그대로 되게 하는 집행기관'을 의미한다. 그러므로 나라로 따져 비유하면 내각이나 국무회의 같은 것이 되리라. 그는 이 천지공사를 화천化天(증산의 죽음을 교도들은 이렇게 부름)할 때까지 9년 동안 벌였다. 많은 문도

들이 몰려왔고, 1907년에는 실질적으로 증산교를 계승한 차경석
車京石이 가담했다. 차경석은 열아홉의 나이에 총대라는 임무로
동학농민군을 따라다니다가 증산교에 들었다.

그가 공사를 벌이면서 조화정부의 일원을 고를 적에는, 그 사
람의 성·경·신誠敬信(동학의 기본 윤리)의 경중을 재보았다고 한다.
그리하여 조화정부의 주요 일원으로, 후천의 음양공사는 박공우
朴公友에게, 중국 국권의 회복을 맡는 공사는 신원일辛元一·최덕
겸崔德兼에게, 동학 신명의 해원解冤공사는 차경석 등에게 맡기는
것 따위를 정했다. 강증산은 이렇게 말했다.

> 오늘 세상에는 하욤이 없는(無爲) 다스림과 말없는 가르침(不言之
> 敎)으로 백성을 교화하여, 늙고 병들고 죽는 것이 변하여 불로불사
> 하며, 빈부의 차별이 철폐되어 낙원으로 화하리라.

『대순전경』에 담겨 있는 이 말은 강증산이 도교의 기본 요지
와 불교, 그리고 동학의 미래 세계관을 종합한 것이다. 그러나
뒷날 천지공사를 맡았던 교도들이 아무리 기다려도 그런 날이
오지 않자 참다못해, 왜 빨리 그런 세계를 만들지 않느냐고 회의
와 불평을 터뜨렸다. 그러자 욕속부달欲速不達이라는 말로 타이
르기도 했다. 그는 죽음을 앞두고 이런 말을 남기기도 했다.

> "나를 보고 싶거든 금산사로 오라."
> "나의 얼굴을 잘 익혀두라. 후일에 내가 출세할 때에는 눈이 부

시어 보기 어려우니라."

"내가 모든 병을 대속하여 세계 창생으로 하여금 영원한 강령을
얻게 하였으나, 오직 괴병怪病은 그대로 두고 너희들에게 의통醫統
을 전하여주리라."

『대순전경』「의통」


그는 서른아홉 살의 나이로 죽었다. 너무 일찍 죽었다. 강증산
은 이 세계를 선천先天·말세·후천後天으로 나누어 보았다. 선천
이 끝날 즈음에 말세가 오는데 당시의 시대가 이에 해당한다고
보았다. 그리하여 빈부의 격차와 생사와 차별이 없는 영원한 선
경인 후천의 길을 여는 것이 바로 천지공사이다(선천·말세 또는 중
천·후천의 나눔은 결코 증산의 독창설이 아니다).

그리고 현 세계에서 행하는 천지공사의 요체는 해원과 보은으
로, 보은은 '경주용담보은신'인 최제우, 해원은 '전주동곡해원
신'인 강증산 자신이 맡는다고 했다. 그런데 이 내용은 동학에서
언급된 것이다. 그리고 후천 선경을 위해 천지도수天地度數를 규
정해놓았다고 했다. 이것은 이렇게 설명된다.


천지도수란 천지 안에 있는 인간과 신명과 만사만물이 연·월·
일·시를 따라서 어디서 어떻게 이루어질 것인가, 예정된 발전 과
정을 조화정부에서 확정하여 빈틈없이 짜놓은 이정표나 시간표와
같다.

『증산종단개론』

그리하여 천지공사의 조성 체계는 아래와 같다.

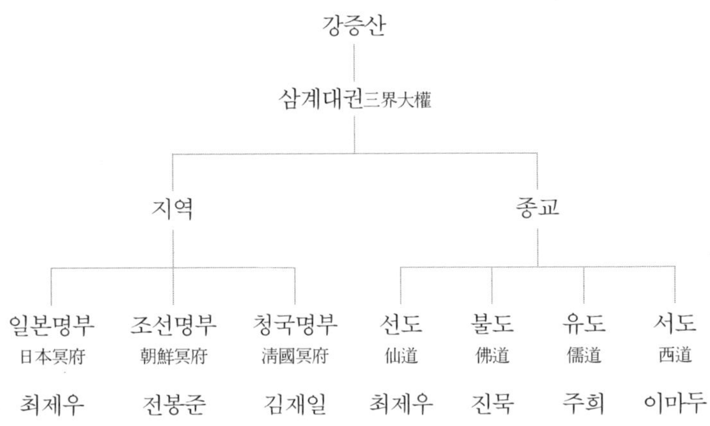

이뿐만 아니라 강태공, 석가모니, 관운장 등도 주요 임무를 맡게 되고, 뒤의 그의 제자들도 각기 처결할 일(실무를 맡았다는 뜻일까?)을 맡는 것이다. 또 장양과 제갈량을 본받으라 했고, 임진왜란 평정의 책임을 최풍헌崔風憲(최제우를 뜻하는 듯)이 맡으면 사흘, 진묵이 맡으면 석 달, 송구봉宋龜峰(이름은 익필)이 맡으면 여덟 달에 지나지 않을 것이라 말했으니, 이들도 주요 일원에 든다고 말할 수 있겠다. 구구한 이야기보다는 다음의 말을 들으면 이 모든 공사의 실상을 파악하게 될 것이다.

내가 서양대법국西洋大法國 천계탑天階塔에 내려와서 삼계三界를 둘러보고 천하에 대순大巡하다가, 이 동토에 그쳐 모악산 금산사 미륵금상에 임하여 삼십 년을 지내면서 최제우에게 천명과 신고神

教를 내려 대도를 세우게 하였더니 제우가 능히 유교의 테 밖에 벗어나 진법眞法을 들춰내나 신도와 인문의 푯대를 지으며 대도의 참빛을 열지 못하므로, 드디어 갑자년(최제우가 죽은 해)에 친명과 신교를 거두고 신미년(자기가 태어난 해)에 스스로 세상에 내려왔노라.

『대순전경』 제5장 12절

그의 말대로라면 그가 태어난 것으로부터 천지공사와 후천개벽이 시작된 것이 된다. 증산은 좋게 말해보면 민족주의라기보다 세계주의요, 세계주의라기보다 우주주의자라 하겠다. 동학이 민족주의적이요 민중적인 종교였다고 한다면, 이 말은 증산교가 동학과 다른 점을 드러내는 것이다. 하지만 그는 역사적 소명의식이 결여된 한낱 몽상가이거나 허풍장이의 수준을 벗어나지 못한다.

강증산은 동학의 교의를 따오고 동학의 교도들을 끌어 모으면서도 언제나 그 우위에 있음을 예언했다. 그리고 1894년은 물론 1905년이나 1907년과 같은 기간에 국권이 흔들려, 의병항쟁이 줄기차게 일어났을 적에도 가담하지 않았으며, 동학 계통의 친일주의였던 일진회를 옹호했고, 일제가 이 땅에 침략을 일삼아도 땀 흘려 일해주고 빈손으로 물러갈 것이니 탓할 것 없다고도 말했다. 적어도 종교적 차원이 아닌 역사적 차원에서 이렇게 말할 수 있는 것인가?

그는 민간신앙을 모두 수렴했고 기성 종교까지도 포괄하고 있다. 그 중에서도 진묵대사, 송익필, 최제우, 미륵불, 이마두(마테

오 리치)를 끌어들인 것은 민중의식과 상당히 접근하겠다는 의도를 나타낸다. 그런데 마테오 리치를 끌어들이면서도 예수는 왜 빠졌을까? 아마도 예수의 이야기를 듣지 못했을 가능성이 있다.

그러나 강증산이 적어도 찌든 민중들에게 하나의 희망을 안겨준 것은 사실이다. 왕조시대에는 수탈과 압제에, 식민통치가 시작할 무렵에는 방황과 극도의 위기의식에 시달리던 민중에게 하나의 이상세계를 제시한 것은 틀림없을 것이다. 그리하여 그가 죽고 난 뒤에 1백여 만의 신도가 몰려들었고, 한때 교파가 1백여 개에 이르기도 했다. 이런 교세 속에서 그가 죽고 난 뒤 20년 만에 그의 말을 모은 『대순전경』(그의 저술은 글씨와 부적 이외에는 없다)이 이룩되었다. 그렇기에 증산교에는 체계적인 교리가 있을 수가 없었다.

## 증산교의 분열

그의 제자들은 각기 교파를 세워 사분오열했고, 한때 정통성을 놓고 그의 후취부인과 제자 차경석 사이에 분쟁이 일기도 했다. 이즈음까지는 일제의 직접적 탄압이 가해지지는 않았다. 차경석이 증산의 정통을 받았으나 증산의 평범한 죽음을 보고 그의 교도들을 중심으로 보천교를 창시, 차천자 등극식車天子登極式을 갖기도 했다. 이것은 세계 군림의 지배이론이라고도 말할 수 있다. 이에 일제 당국은 증산교파와 함께 보천교를 일본천황을

모독하고 한국 중심의 세계국가를 지향한다 하여 혹세무민으로
몰아 탄압을 가했다. 그러나 차경석이 일제의 물샐틈없는 포위
망을 뚫고 달아나자, 그의 이적을 믿는 교도들이 더욱 늘어갔다.
끝까지 강증산을 받들고 그의 교의를 정리한 세력은 이상호李祥
旲, 이정립 등의 계열이었다. 당시 각 교파가 난립한 실정은 다음
과 같았다.

> 형제교단의 상이한 교리체계는 선생을 옥황상제로 받드는 교단
> 도 있고, 혹은 미륵불로, 혹은 통천상제統天上帝로, 혹은 구천상제九
> 天上帝로, 혹은 천사天師로, 혹은 태을천상원군太乙天上元君으로, 혹
> 은 재림예수와 어린양으로, 혹은 당신님으로, 혹은 태극을 운용하
> 시는 무극신無極神으로, 혹은 대성사大聖師로, 혹은 강성상제姜聖上帝
> 로 받들어 모시는 실정이니······.
>
> 『증산종단개론』

강증산이 잡다하게 기성종교 또는 민간신앙을 모두 수렴한 탓
으로 일어난 실정이겠으나, 이는 오늘의 우리에게 많은 시사를
준다. 그의 '해원'이나 '의통醫統' 또는 '천지공사'와 같은 이론은
크게 숨 한 번 쉬어보지 못하고 움츠린 채 살아온 민중들에게 하
나의 꿈과 이상을 갖게 했을지 모른다.

하지만 증산교의 유파들은 찌든 민중의 재산을 갈취하는 수단
으로 써먹거나 세상을 혹세무민하는 모습을 보였다. 심지어 천지
공사에 따라 조화정부의 벼슬 임명장을 팔아먹는 사태마저 일어

났다. 그리하여 가산을 탕진한 사람들이 속출했다. 이러한 사태로 유파들은 사기집단 또는 허황한 세력으로 매도되기도 했다.

강증산은 특이한 시대가 낳은 특이한 인물이다. 적어도 역사학도의 안목에는 그렇게 비친다. 현재 금산사와 모악산 일대에 천지공사를 한 바위, 시멘트로 만들어 그의 시체를 보관한 무덤 등 그의 유적이 널려 있어 사람들의 발길을 끌고 있다.

# 최시형

굳은 의지로 동학을 키워낸 순교자

## 최제우의 순도를 지켜보다

최보따리는 최시형崔時亨(1827~98)의 애칭이다. 그는 끝없이 잠행하면서 보따리를 자주 쌌는데 여기서 이런 별명이 붙여졌다. 그의 제자들은 그를 '해월선생'이라 부르기보다 어딘지 측은하게 느껴지는 이 별명을 애칭으로 불렀다.

1863년(철종 14) 겨울, 선전관 정구룡鄭龜龍은 포졸을 거느리고 경주 용담에 들이닥쳐 동학을 주장하는 최제우를 잡아갔다. 최제우는 왕명에 의해 천주를 외우고 민심을 현혹시키는 좌도난정의 죄목으로 체포되었다.

그는 서울로 압송되는 도중 과천까지 왔다가 국상(철종의 죽음)을 만나 대구 감영으로 이송되었다. 그는 중죄인이므로 의금부의 처결을 받아야 했으나 국상 중에는 모든 중앙의 옥사가 중지된다. 이에 국상 기간을 넘기고 다시 조사하게 되면 『경국대전』에 규정된 결옥決獄의 기한을 지킬 수가 없어 하급기관으로 이첩한 것이다(『승정원일기』 고종 즉위년 12월 20일조, 정구룡의 「장계」).

최제우는 대구 감옥에서 경상감사 서헌순徐憲淳 등의 심문을 받았는데 이에 연루된 동학인은 25명이었다. 이 25명을 반드시 최제우의 열렬한 추종자들이라고 볼 수는 없지만 최제우를 따라 주문을 외우고 동학을 전파했던 것은 말할 여지가 없다(『일성록』 고종 원년 2월 29일조, 서헌순의 「장계」).

체포된 인물 중에 최제우의 수제자인 최시형이 빠져 있었다. 최시형의 본명은 경상慶翔으로 최제우가 살고 있는 용담에서 25리 떨어진 경주 검곡에 살고 있었다. 최제우가 잡혀갈 때, 그는 외지에 있었다고 한다. 최제우가 대구 감영에 잡혀 있을 적에 그는 대구로 와서 여러모로 최제우의 옥바라지를 했다. 마침 현풍에 사는 곽덕원郭德元을 만나 그의 종으로 가장하고 최제우에게 접근했다.

그러니 최시형은 눈치껏 스승과 대화를 나눌 수 있었을 것이다. 그러나 연루된 사람들의 입에서 마침내 최시형의 이름이 튀어나왔다. 이에 그는 김춘발金春發과 함께 대구를 빠져나가 도망했다. 이것이 그의 긴 도피 여정의 첫걸음이었다. 최제우는 옥중에서 시를 남겼다.

등불 밝힌 물 위는 한 점 혐의의 틈새도 없고

 구국의 길에 횃불을 밝힌 민족종교

최시형 그는 평리원 재판장 조병직에 의해 '좌도난
정'이라는 죄목으로 교수형의 선고를 받았고, 일흔두
살의 파란만장한 생애를 마쳤다.

기둥은 삐쩍 마른 것 같지만 버틸 힘 남아 있도다

여기서 '혐의의 틈새'가 뜻하는 것은 '사람들이 서로 미워해서
생기는 틈'이다. 이 시 구절의 뜻은 자신에게는 어떤 혐의나 죄
가 없다는 것이요 비록 나무기둥처럼 보이지만 결코 쓰러지지
않는다는 신념을 나타낸 것이다. 최제우는 곽덕원을 보고 이렇
게 말했다.

경상이 지금 성중에 있느냐? 오래지 않아 잡으려 할 것이다. 내
가 '고비원주高飛遠走'(빨리 서둘러 멀리 달아나라)라고 말하더라고 전해

라. 만약 잡히면 일이 매우 위험스럽게 된다.

『동학사상자료집1』「도원기서道源記書」

이 기록은 최제우와 최시형의 '도통연원道統淵源'을 밝힌 것으로, 최시형이 살아 있을 당시인 1880년(고종 17)에 이루어진 것이니 신빙성이 있다. 몇몇 책들에서는 담뱃대 심지에 앞의 시와 '고비원주'를 써서 최시형에게 주었다는 약간 상반된 기록들이 전한다(『천도교교회사』 ; 『천도교창건사』 ; 오지영『동학사』).

어쨌든 최제우는 대구 장대(지금의 달성공원 안)에서 처형당했고 머리는 남문 밖에 사흘 동안 조리돌렸다. 최제우의 제자들 중에 강원보 등 12명은 모진 매를 맞고 정배되었으며 나머지는 풀려났다. 또 최제우의 부인 박씨와 큰아들 최세정은 다행히 풀려났다. 그러고 나서 부인 박씨와 아들은 시신을 인도받아 용담으로 운구했다.

최제우의 시체를 염습하고 용담에 장사 지낼 적에 10여 명의 제자들이 따랐으나 최시형은 영양 용화동 등지를 잠행하면서 밥을 빌어먹었다. 이로부터 그의 끝없는 잠행이 시작되었다. 그는 그런 잠행 중에도 동학 포덕에 열중했다.

그동안 최시형에 대한 평가가 한쪽으로 치우친 감이 있다. 그의 줄기찬 동학 포덕에 초점을 맞추다 보니 역사적 평가가 제대로 이루어지지 못했다. 그리고 그를 신격화하는 데에 열중해 그를 역사 인물로 다루지 못한 것이다. 그에 대한 기록도 1차 사료가 아닌 후기의 사료에 치중해 있다. 여기서는 1차 사료를 중심으로 그의 행적을 더듬어보고 나름의 평가를 내리려고 한다.

## 최제우와의 만남

최시형, 곧 최경상은 최제우와 같은 경주 최씨요 같은 경주 땅
에서 태어났다. 다만 두 사람이 촌수로 따져 어떻게 되는지, 어
릴 적부터 알고 지냈는지는 알려져 있지 않다. 최제우는 용담에
서 태어났고 최경상은 황오리에서 태어났다. 이런 인연이 두 사
람의 관계로 보아 결코 무시할 수 없는 조건이 되었다.

최경상의 아버지는 최종수崔宗秀, 어머니는 월성 배씨였는데
어머니는 여섯 살 적에, 아버지는 열다섯 살 적에 죽었다(족보에
따름). 어려서 고아가 된 셈이다. 최경상은 어릴 적에 영일 기일동
에서 자랐는데 크면서는 힘이 셌다고 한다. 열일곱 살에 그는 조
지소造紙所에 심부름꾼으로 들어가 생계를 이어야 했다. 그의 형
제와 자매에 대해서는 별로 기록이 없으나 누이동생 하나가 있
었고 계모도 있었다고 한다. 그러니 자신 이외에 부양가족이 몇
이 있었는지는 정확하지 않다. 이때 그의 근실함을 보고 매파가
돈 많은 집 청상과부의 딸과 혼인하라고 했지만 이를 거절했다.

열아홉 살에 밀양 손씨를 맞아 장가를 들었는데 이 손씨가 첫
째 부인이다. 이렇게 장가를 들어 10여 년을 지내면서 경주 신광
면 마북동에 정착했다. 이때 마을 사람들이 그의 인품을 보고 집
강執綱(면, 리의 행정사무를 보는 사람)으로 천거했다. 그리하여 6년 동안

이 일을 보면서 민은民隱(백성의 고통)을 없게 하고 숨은 미담가화를 찾아내 잘 기려주어 칭송이 자자했다. 마을 사람들은 그의 이런 공덕을 돌비에 새겨주기도 했다.

서른세 살 때에 경주 검악산 아래 검곡劍谷(현재 지명은 검곡동이라 함)에 정착했다. 최제우가 죽고 난 뒤 잠행을 시작했으니 검곡에서 5년 남짓 산 셈이 된다.

그가 최제우를 처음 만난 것은 1861년 여름으로 보인다(『도원기서』:『천도교창건사』). 이때에 최제우는 새로운 교를 창도하고 포덕문을 지어 돌리며 천도 또는 동학이라고 명명했다. 최제우가 11월에 들어 남원 은적암으로 가서 겨울을 나고 이듬해 3월에 경주로 돌아오던 무렵이었다. 경주 일대의 집집에 동학 주문소리가 요란했다는 때이기도 하다. 그가 이 소문을 못 들었을 리 없다. 어쨌든 이 만남이야말로 조선후기의 역사에 큰 의미를 지니게 된다.

## 도통을 전수받다

이듬해 3월, 최제우는 자신을 체포한다는 소문이 돌아 경주에 숨어 지내며 거처를 아무에게도 알리지 않았다. 그런데 뜻밖에도 최경상이 최제우를 찾아왔다. 최제우는 이에 놀라 말했다.

"그대는 소문을 듣고 왔는가?"

"소생이 어찌 알겠습니까? 저절로 오고 싶어서 왔습니다."

그리고 최경상은 그동안 근실히 공부했음을 말하고 기름 반 종지로 밤을 새워도 기름이 다 닳지 않았다며 이적이 있었던 일을 전했다. 이에 최제우는 조화의 큰 징험이라고 일러주었다(『도원기서』).

이 해 6월 진주를 비롯한 각지에서 삼남농민봉기가 벌떼처럼 일어났지만, 이들은 동학에만 전념한 것으로 보인다. 동학의 관계자료에는 이 봉기에 대해 전혀 언급하지 않았다.

최경상은 한 달에도 몇 차례씩 최제우를 찾아와서 도를 물었고 얼음물로 목욕을 하며 수도에 정진했다. 그리고 최제우의 거처를 자신의 집으로 정할 것을 간청했지만 좁다고 하여 받아들여지지 않았다. 밀려오는 많은 교도들을 좁은 집에서 모두 수용할 수 없었을 것이다. 그는 가난한 살림 속에서도 최제우의 옷을 지어 바치기도 하고 최제우 가족의 생계를 위해 쌀과 돈을 마련해 보내기도 했다. 이때 최제우는 각지의 접주를 정했는데 최경상은 여기에 빠져 있었다.

1863년 정초에 최경상은 특별한 임무를 받았다. 그에게 영덕, 영해지방의 순회포덕을 맡긴 것이다. 이때 최경상은 영덕 출신 강수姜洙를 처음 만난 것으로 보인다. 곧이어 강수가 최제우를 찾아와 수도의 절차를 묻는 등 잦은 방문이 있었다. 이 두 사람의 만남 또한 큰 의미를 가지고 있다. 경주의 초기 도인들은 압제의 시기에 모두 흩어져버렸지만 이 두 사람은 농민전쟁기까지

철저하게 함께 행동했다.

이 해 6월에 통문을 내어 경주에서 접소를 열었는데 각지에서 50여 명이 모여들었다. 접소를 파할 즈음에 최제우는 시 한 구를 지어 돌렸다.

용담의 물이 흘러 사해의 근원이 되고
구악에 봄이 도니 한 세상의 꽃이로다

이 해 8월, "용담의 물이 흘러 사해의 근원이 되고 검악에 사람이 있어 하나의 마음이라"고 고쳤다. 이는 최경상을 지적한 것이다.

용담의 물은 최제우의 창업을 뜻하고 구악의 봄은 최경상의 수성守成을 뜻하는 것이 아니겠는가? 그리고 최경상을 북도의 주인으로 정하고 해월海月이라는 호를 내려주었다(『천도교교회사』). 그러면서 이렇게 말했다.

참으로 이른바 첫 공을 이룬 사람은 갈 것이다. 이 운(후천개벽의 운을 뜻하는 듯하다)은 반드시 그대에게서 나올 것이다. 이 뒤로 도의 일을 신중히 간섭하여 나의 가르침을 어기지 말라.

『도원기서』

이것은 바로 도통의 전수를 뜻한다. 이후로 최제우는 경주 남쪽의 포덕에 전념하면서 그 북쪽은 최경상에게 맡겼다. 여기에서 북접의 용어 사용이 시작되었다. 그 뒤 최경상은 '주인', 최제우는 '대주인'으로 불렸다. 손병희가 천도교를 창건한 뒤, 최제우를 '대신사大神師', 최시형을 '신사神師'라고 부르기 전까지는 이것이 공식호칭이었다.

이 해 8월에 최제우는 다시 '수심정기守心正氣' 4자를 써주어 그에게 도통 전수를 더욱 확실하게 표명했다. 이 뒤 최경상은 동학의 주문과 가사와 시, 포덕문 등을 늘 암송하며 더욱 수도에 정진했다.

최경상은 대구에서 빠져나와 밤에는 걷고 낮에는 숨으면서 안동까지 와서 교도의 집에 머물렀다. 그러나 포졸이 밀어닥쳐 수색하는 통에 곧바로 영덕 직천으로 가서 강수의 집에 숨어 하룻밤을 지냈다. 이어 그는 영해를 거쳐 평해에 이르러서 황주일黃周一의 주선으로 거처를 정하고 처자까지 데리고 와서 살면서 짚신 삼기를 생업으로 삼았다. 이때부터 그는 평생 동안 짚신 삼는 일을 놓지 않았다.

그리고 이곳에서 얼마 동안을 지낸 뒤 울진 죽변을 거쳐 영양 일월산 아래 용화동 죽현으로 거처를 옮겼다. 그리고 이곳에 은거하면서 평생 동안 산 바깥으로 나가지 않겠다고 결심했다. 그런데 1865년 7월에 들어 최제우의 부인 박씨가 수소문 끝에 이곳을 찾아왔다. 그때 도인들은 각기 흩어져 있으면서 서로 왕래가 없었으며 또 서로 아는 사이라 해도 원수 대하듯 했다. 동학으로는 가장 침체기에 속할 것이다.

최제우의 부인(이하 사모씨로 호칭)은 의탁할 곳이 없어 자식들을

데리고 최경상을 찾아온 것이다. 최경상은 자기가 살던 집을 사모씨에게 내주고 다른 거처를 마련하여 옮겼다. 그는 열심히 농사를 짓고 복숭아나무를 심었다. 그의 근면성이 여실히 나타난 때였으리라. 그는 나무를 심는 일 또한 평생 동안 어느 곳에서든 계속했다.

1865년 가을에는 동학의 탄압이 뜸해졌다고 판단했다. 그리하여 조직을 재건하고 교도들이 모이기 좋은 검곡에서 순도기념제례를 모시기로 작정했다. 그리고 이보다 먼저 스승의 탄신제를 올리기로 해, 이해 11월 28일 검곡에는 수십 명의 교도들이 모여들었다. 이 자리에서 그는 동학이 실천해야 할 이념 또는 현실인식을 밝히는 중요한 강론을 펼쳤다. 그 요지는 세 가지로 요약할 수 있다.

첫째, 인시천人是天이다. 사람은 평등하여 차별이 없나니 사람이 인위로써 귀천을 나눔은 한울님 뜻에 어긋나는 것이리라.
둘째, 우리 도인들은 일체 귀천의 차별을 철폐토록 해야 한다.
셋째, 스승님의 본뜻은 어디까지나 "사람이 한울이라"는 데에 있으니 제자들은 이를 철저히 지켜야 한다.
표영삼『동학 1 : 수운의 삶과 생각』「동학재건에 전력」 참고

이에 대해 표영삼은 "사람은 누구나 몸 안에 한울님을 모시고 있으므로 누구를 막론하고 한울님과 같이 존엄하다는 것이다. 따라서 사람의 존엄성과 한울님의 존엄성은 똑같으므로 사람의

존엄성=한울님의 존엄성이란 등식에 따라 인내천이라 한다는 것이다. 그리고 해월은 이를 일상생활에 적용시켜 양반, 상놈이라는 신분제는 수운의 가르침에 반하는 것이라 하였다"고 풀이했다.(『동학 1 : 수운의 삶과 생각』)

1866년 3월 10일 최제우 순도 2년이 되는 날, 용화동 위쪽 대치에 있는 사모씨 집에서 마침내 제례를 올렸다. 이 두 의식의 거행은 동학 재건의 지름길이 되었다. 최경상은 이 자리에서 끊임없는 강론을 통해 동학사상을 알렸다.

한편 1866년 8월, 병인양요로 나라가 시끄러웠고 이에 따라 동학에 대한 단속이 뜸해졌다. 이에 강수 등 일부 교도들이 최경상의 행방을 찾아다녔다. 강수는 마침내 최경상의 거처를 찾아내어 박춘서朴春瑞와 함께 일월산으로 왔다.

이 해 10월 28일은 최제우의 생신날이었다. 교도들이 모여 생신제사를 지내고 봄·가을로 교주의 제사를 지내기 위하여 수계안修契案을 돌렸다. 그리하여 여기에 수십 명이 참가했다. 이 수계안이 바로 동학재건의 실마리가 되었다고 볼 수 있다.

최경상은 이보다 앞서 『동경대전東經大典』, 『용담유사龍潭遺詞』를 입으로 불러 베껴놓기도 했는데 이때부터 이를 활용했다. 그리고 거처를 옮겨가며 예천에 도량을 두어 분접分接을 만들기도 하고 흥해에 도량을 개설하기도 하면서 포덕에 열중했다(『천도교교회사』).

# 이필제 주도의 영해부 기습에 참가

1870년(고종 7)에 들어 그는 강원도 양양에 있었다. 이 해 10월에 영해 도인 이인언李仁彦과 박춘서가 찾아와 도인 이필제가 지리산에 들어가 있었던 탓으로 교조의 죽음을 모르고 있다가 이제야 산에서 나와 교조의 죽음을 신원伸寃하려 한다고 했다. 그리고 최경상에게 그를 찾아가 만나볼 것을 권유했다. 최경상은 다섯 차례에 걸친 권유를 받은 끝에, 1871년 2월 박사헌朴士憲과 함께 영해로 이필제를 만나러 갔다. 이필제는 최경상을 보고 이렇게 말했다.

노형, 나는 한 번 선생의 수치를 씻고 한 번 창생의 재앙을 구하고 이어 중국을 차지할 뜻이 있소. …… 3월 10일이 선생께서 돌아가신 날이니 그날에 거사하겠소. 다시 다른 말 없이 이를 따르시오.

이러한 위압적인 이필제의 언사에 최경상은 마지못해 따를 수밖에 없었다. 이필제는 서울에서 왔다는 김낙균과 수작을 나누며 현직에 있는 금장禁將(금위영의 장수)의 것이라는 편지를 꺼내들고 현역의 군인들이 돕는다고 이들을 꼬였다(관변 기록과는 달리 『도원기서』, 『천도교교회사』, 『천도교창건사』 등에는 이필제가 최경상을 찾아왔다고 기록하고 있으며, 말투 역시 최경상이 이필제를 아랫사람 대하듯 한 것으로 기술했다).

이에 교도 등 5백여 명을 모아 천제를 지내고 밤을 틈타 영해부로 쳐들어갔다. 봉기꾼들은 영해부 관아를 점령하고 하룻밤

호기를 부리고는 이튿날 영양 일월산으로 퇴각했다(『동래부계록東萊
府啓錄』 권7 신미년 3월 15일조).

일월산에 진을 친 이들은 관군의 수색이 심하자 뿔뿔이 흩어
졌다. 이런 속에서 최경상 일행은 사모씨와 그 아들 세정, 세청과
함께 관군을 피해 달아났고 세청의 아내만 빠졌다. 이들은 갈 곳
이 없었다. 이때 이필제가 말했다.

> 정기현은 나와 친하오. 또 동모同謀한 사람이오. 곧 이 사람의 집
> 을 찾아 자취를 숨깁시다.
>
> 『도원기서』

이를 보면 이들 일행에 이필제가 끼어 있었음을 알 수 있다.
이때 최경상은 그를 뒷바라지하던 전동규全東奎, 박사헌, 이사인
李士仁 등 1백여 명을 잃었다. 그뿐이 아니라 조정에서는 영해부
습격에 동학도가 관련되었다 하여 동학도에 대한 일대 수색령을
내렸다. 그리하여 이른바 동학에서 큰 수난사로 기록되는 신미
사변이 일어난다. 동학관계 기록에서는 이 영해민란에 최경상이
참여했다고 쓰지는 않았다. 그러나 그가 참여했음을 알리는 간
접적 표현들이 있다.

어쨌든 이들은 단양 가산리에 있는 정기현을 찾아갔다. 이때
정기현과 이필제는 밤새 수작을 했다고 하며, 이튿날 이필제는
김창화金昌和의 집, 최경상은 정석현의 집, 강수와 전성문은 영춘
에 있는 김용권金用權의 집에 각기 흩어져 거처를 정했다(『포도청등

록』25책 신미년 8월 29일의 죄인 공초에 이 관계사실이 나온다. 여기에 이필제의 동행으로 영남인 권성거權性ē라는 이름이 나온다. 권성거는 처음 그와 동행했다가 뒤에 조령 모의에 참여하지 않았다는 점, 그들이 분산하여 숙소를 정했다는 점, 정기현의 동생으로 석현石鉉(『도원기서』 등에서는 錫鉉으로 표기되어 있다)이 있다는 점 등으로 보아 최경상의 가명으로 보인다).

이 해 4월 최경상은 성명을 바꾸고 일꾼이 되어 밭을 일구고 나무를 하고 고기를 잡고 새끼를 꼬면서 지냈다. 그러다가 5월에 강수의 권유로, 좀 더 숨기에 좋은 영월 정진일鄭進一의 집으로 피했다. 이때 이들은 이필제의 새재 모의에 가담하지 않았을 뿐만 아니라 이필제를 심히 원망하고 있었다.

그런데 8월에 이필제가 모의한 문경새재의 작변이 발각되어 이필제와 정기현 등이 잡히고 또다시 동학교도에 대한 수색이 크게 벌어졌다. 이때 이들은 "구초口招(신문을 받는 것)의 단서가 있을까 두려워 자취를 숨기는 계책으로 미리 피하는 게 좋겠다"(『도원기서』)고 생각하여 행장을 꾸리고 길을 떠났다.

최경상과 강수는 소미원 사모씨의 집을 찾아갔다. 이들은 약을 캐는 사람으로 변장하고 있었다. 사모씨는 이들의 갑작스러운 방문을 받고 놀라 물었다. "그대들의 행색이 어찌 이런가?" 이에 강수가 대답했다.

"우리는 아무 일도 범한 적이 없소. 그런데 문경의 변은 진실로 이필제가 일으킨 것이오. 혹 구초의 단서가 잡힐까 몸을 피해 이리 온 것이오."

이에 세정·세청 형제는 초행醮行(최제우의 딸의 혼사를 가리킴)이 있어 집을 비우게 되므로 잠시도 자기 집에 머물 수 없다고 거절했다. 이들은 하인으로 꾸며 따라가면 되지 않겠느냐고 했지만 이것도 거절을 당했다. 이처럼 푸대접을 받은 최경상은 이렇게 한탄했다.

> 나의 신세는 갈 데도 올 데도 없는 지경에 이르렀구나. 물러가 산에 숨는 것이 좋겠다.
>
> 『도원기서』

그의 마음은 분명히 흔들리고 있었다. 이들은 사모씨에게 작별을 고하고 정처없는 길을 떠났다. 태백산을 향해 걸으면서 솔잎을 먹고 바위틈에서 잠을 잤다. 가장 가까운 사람에게서까지 배반을 당하고 다시 쫓기는 몸으로 보름씩 굶으며 산속을 헤매게 된 것이다. 이들은 영월 직곡리의 어느 교도의 집에 정착했다.

1872년(고종 9)에 들어 최경상과 강수는 사모씨의 안부를 알기 위해 소미원으로 찾아갔다. 그때 이들은 최세정이 양양 관가에 잡혀갔다는 소문을 들었다. 이에 사모씨는 그들이 사는 곳으로 옮겼다. 그리고 이들은 거처를 숨기기 위해 인제, 홍천, 영춘 등지로 전전했다. 3월에는 최제우의 셋째 딸과 최세정의 처까지 인제 옥에 갇히게 되었다. 그리고 5월에는 최세정이 감옥에서 장사杖死를 당했다. 불행의 연속이었다.

## 교단을 재건하다

이런 속에서도 최경상은 태백산 적조암에 들어가 49제를 지냈다. 꺼져가는 동학을 다시 일으켜 세우려는 몸부림이었다. 이때 그는 '태백산공사십구太白山工四十九'라는 구절을 하늘로부터 얻어 새로운 동학의 전도를 밝혔다고 한다. 이것이 유명한 '태백산공'이다.

이때 사모씨가 갑자기 병사했다. 그리고 이듬해인 1874년 3월에 최경상은 첫 부인 손씨의 행방이 묘연하여 안동 김씨의 딸을 얻어 장가 들었다. 그리고 동학교도에 대한 수색이 뜸해지는 틈을 타 단양 사동으로 옮겼다. 그런데 1875년 정초에는 최세청마저 병을 얻어 갑자기 죽었다. 이로써 최제우의 아들은 모두 죽고 딸만 남게 되었다.

최경상으로서는 슬픔을 억제할 수 없었지만 스승의 가족을 돌볼 부담은 줄어든 셈이다(딸 셋은 출가했다). 그동안 세정과 세청이 그에게 온갖 푸대접을 해도 그는 노여워하지 않았으며 심지어 사모씨까지도 "천주가 무슨 물건이냐"고 대들어도 이를 참고 견뎌냈다. 그는 스승의 가족에 대해서도 인간적 정의를 결코 저버리지 않았던 것이다(『천도교교회사』).

1875년 9월에 들어 최경상과 강수 등은 경주 용담에 갔다왔고, 10월에는 단양의 사동에서 또 하나의 뜻있는 일을 벌였다. 최세청이 죽고 난 뒤 스승의 생신제와 기제 등을 최경상이 맡아 지내기로 한 것이다. 이때 강원도와 충청도 일대의 교도를 모아

제사를 거행하면서 자신을 주인, 강수를 차주인次主人으로 반포하고 열두 사람의 이름과 자字를 시時자와 활活자로 개작하게 했는데, 우선 세 사람에게 이를 시행하도록 했다.

그리하여 자신의 이름은 시형時亨(이후에는 이 이름으로 기술한다), 강수의 이름은 시원時元, 전성문의 이름은 시명時明으로 정했다. 그를 그림자처럼 따라다닌 두 사람에게 이런 이름을 준 것은 의미가 크겠거니와, 교단의 조직을 정비하고 체계를 세우려는 고심에서 나왔을 것이다(『도원기서』). 이후에 그는 적절하게 이 '시'자를 붙인 이름을 제자들에게 나누어 지어주었다.

이제 그는 최경상에서 최시형으로 행세하게 되었다. 최제우가 복술福述이라는 이름을 제우로 바꾼 뜻과 상통하지 않겠는가? 최시형은 병자수호조약 등 조정에서 개항을 단행하면서 감시가 느슨한 틈을 타 다시 포덕에 더욱 열중했다. 특히 강원도를 중심으로 해서 벌인 그의 활동은 가히 동학의 부흥운동이라 부를 만했다.

1878년 겨울에 들어 그는 동학교단사에서 빛나는 일을 벌였다. 그는 북접北接을 표명하고, 최제우가 북방에 운이 올 것을 말한 대목을 빌려 북접 대도주를 정식으로 표명했다. 그리고 최제우의 모든 글을 간행하기 위해 인제에 도적편집소道蹟編輯所를 두고 일을 서둘렀다. 이어 동경대전간행소를 두고 자금을 염출하고 판각을 하여 역사役事를 마쳤다. 또 단양에서 가사를 찍어 나누어주고 옥천에서 『동경대전』 1천 부를 찍어 교도들에게 나누어주었다.

이 일은 5년에 걸쳐 완성되었다. 이 일에는 한문에 상당히 조예가 깊은 강시원의 조력이 절대적이었다. 그리고 최제우와 최시형의 사적 및 간행의 경위를 밝힌 『도원기서』도 강시원 등의 손으로 완성되었다. 『도원기서』는 유려한 문장으로 과장없이 기술하여 동학연구에 비중 있는 자료가 되고 있다. 그런데도 현재의 천도교단에서는 이를 소홀히 다루고 있는 것 같다.

이렇게 최시형이 활발하게 활동을 벌이자 서로 헤어져 소식을 모르던 손씨 부인이 수소문 끝에 찾아왔다. 그리하여 그는 어쩔 수 없이 편법으로 손씨와 김씨를 좌우 부인으로 삼았다. 최시형은 제자들에게 첩을 두지 말라고 가르쳤던 것이다.

1883년(고종 20)에 들어 동학의 새로운 지도자가 될 인물들이 최시형을 찾아왔다. 곧 그들은 손병희孫秉熙, 손천민孫天民, 박인호朴寅浩, 황하일黃河一, 서인주徐仁周 그리고 윤상오尹相五 등이었다. 최시형은 이때 이런 설법을 했다.

오도吾道의 운이 장차 흥륭하리라.

이때는 기독교가 정부로부터 공인을 받은 직후였다. 그는 이어 교도들에게 9조의 포유문布諭文을 반포하면서 "이웃을 사랑하라"고 가르쳤다. 이때부터 그의 포유·유시·통유 등의 글이 반포되기 시작했다. 그 글에는 끊임없이 양반, 상놈의 타파는 물론 적서의 차별, 여성의 존대, 어린이의 보살핌 등 신분제 차별의 철폐와 인권 유린의 관례를 깨야 한다고 가르쳤다.

이렇게 교세가 퍼지자 그를 체포하려는 손길이 다시 뻗쳤다. 그는 익산 사자암으로 몸을 피해 4개월을 지냈다. 이때가 전라도 땅에 처음 발을 들인 때이다. 이어 그는 어느 교도가 주선한 상주 전성촌前城村으로 거처를 옮겼다. 비록 초가삼간이나마 그가 도피를 시작한 뒤 자신의 집을 처음 갖게 된 때가 아닐까?

이 해 10월에 최시형은 손병희, 박인호와 함께 가섭사에 가서 기도를 거행하고 이어 주문을 고치게 했다.

그때 사람이 '천주' 두 글자를 지목함을 피하여 강서降書(하늘이 내려 준 글)로 주문을 개작하사 일시 임시로 행하시니 주문은 '봉천상제일편심奉天上帝一片心 조화정만사지造化定萬事知'러라.

『천도교교회사』

'천주'라는 단어 때문에 늘 사교로 지목을 받기 때문에 유가에서 쓰는 '상제'로 바꾼 것이다. 그리고 교단조직을 6임六任으로 정비하여 교장敎長, 교수敎授, 도집都執, 집강執綱, 대정大正, 중정中正을 두었다. 이들 조직은 시기에 따라 명칭이 조금씩 달라지기는 했으나 그 골격은 천도교가 창시될 때까지 유지되었다. 그리고 1885년 5월에는 유명한 보은 장내帳內(마을 사람들은 장안으로 부름)로 접소를 옮겼다. 그 뒤 때때로 최시형이 관의 눈을 피해 옮겨 다니기는 했지만 장내리는 동학의 본거지가 되었다.

1887년은 그의 회갑이 되는 해였다. 이때는 생활도 폈을 무렵인데, 그의 둘째 부인 김씨가 죽었다. 그는 회갑연을 치른 뒤 '북접법헌北接法軒'이라는 첩지를 만들고 '해월장海月章'이라는 도장을 찍어 6임에 나눠주었다. 이것은 곧 동학의 정통을 의미했지만 뒤에 남접과의 분란이 있을 적에 하나의 계파를 나타내기 위한 것이기도 했다.


## 혁명의 기운이 고조되다


1888년 1월에 들어 그는 다시 뜻깊은 걸음을 걸었다. 전주로 가서 기도식을 거행하고 삼례로 와서 이몽노李夢老의 집에 머문 것이다(『천도교교회사』). 이때 그 유명한 마당 포덕을 행한 것으로 보인다. 마당포덕은 입도할 사람들이 몰려들어 정식 입도식을 거행치 못하고 마당에 모아놓고 한꺼번에 청수를 받들어 입도식을 거행하는 의식이다. 이때부터 동학이 전라도 지방에 본격적으로 전파되기 시작한 것으로 보인다.

이 해 3월에는 손병희의 누이동생을 맞아 세 번 째 부인으로 삼았다. 이 일은 손병희와의 관계에 있어서 하나의 큰 의미를 지닌다고 볼 수 있다.

많은 교도들 특히 여성 교도들이 몰려들자, 1890년 11월 금릉군 구성면 용호동(지금 김천시)에 있는 교도의 집에서 강론을 하면서 「내칙內則」과 「내수도문內修道文」을 지어 돌렸다. 여성의 수도 방법과 지켜야 할 생활 태도를 이른 것이다.

그가 공주로 와서 접소를 열고 나서 청주에 있을 적인 1891년

2월, 호남의 남계천南啓天, 김낙철金洛喆, 김낙삼金洛三, 손화중孫華仲 등의 방문이 있었다. 이때 남계천을 전라좌도 두령, 윤상오를 전라우도 두령으로 삼았는데, 김낙삼이 1백여 명의 교도를 데리고 와서 천한 신분인 남계천을 따르지 못하겠다고 항의했다. 이에 최시형은 문벌의 귀천과 노소의 등분은 우리 도에 없는 일이라고 타일렀다(『천도교교회사』). 이로써 동학교도는 신분 차별이 없음을 확실하게 천명한 것이다.

이때 그는 부안, 고부, 태인 등지를 다니며 전라도 포덕에 열중했다. 특히 정읍 지금실에 가서 김기범金箕範(김개남의 본 이름)의 집에 머물렀고, 원평의 김덕명金德明도 만났다. 전라도 일대에 동학교도가 날로 늘어가고 있었다. 당시 최시형은 이렇게 개탄했다고 한다.

이때에 호남도인이 사문에 날로 늘어 찾아오되 도를 아는 자 없거늘 신사 개연히 탄식하사 가로되 "도를 아는 자 드물다" 하시고 남계천 등에게 이르사 너희들은 실심수도實心修道하여 천부의 성품을 통케하라.

『도원기서』

여기에서 "도를 아는 자 드물다"는 말은 어떤 시사를 준다. 동학에 무지하다는 말이 아니다. 호남의 도인들이 동학보다 동학을 통해 딴 생각을 품고 있음을 뜻하는 것이다. 이런 개탄은 바로 뒤에 일어날 남접, 북접의 갈등을 암시한 것이다.

1890년대에 들어 북쪽의 황해도 등 전국에 걸쳐 동학이 퍼졌지만 교도의 숫자는 가늠할 수가 없었다. 그런데 이때는 교도 성분이 문제가 되었다. 단순히 후천개벽이 도래하여 미래에 잘 사는 사회만을 바라는 순수 동학교도가 아니라는 점이다.

당시의 체제를 부정하고 폭력적 방법으로라도 현실과 대결하겠다는 세력들이 끼어들었음을 부정할 수 없을 것이다. 특히 이들의 성분에 대해 어윤중은 상당히 정확하게 지적하여 이들을 일러 '위동학당僞東學黨'이라 불렀다(어윤중 「선무사재차장계宣撫使再次狀啓」). 특히 보은집회 이후에 나타난 남접이 그러했다.

이들은 관권의 탄압에도 예전처럼 도망만 가지는 않았다. 정면대결을 시도하여 무기를 입수하고 계획을 꾸미기도 했다. 이런 분위기는 도주 최시형으로서도 제대로 제재할 수 없었다. 더욱이 천주교와 개신교가 정부의 공인을 받고 때로 정부의 비호까지 받는 현실에서 동학에만 가해지는 탄압을 이들은 참을 수가 없었다. 1892년에 충청감사 조병식趙秉式은 동학의 금령을 내리고 교도들을 색출하면서 재산을 토색질했다. 이에 최시형은 진천 등지로 잠행하며 통유문을 내렸는데 이런 항목을 두었다.

우리 도는 후천개벽의 운으로 무극한 대도大道라 대개 그 종통진원宗統眞源이 영영소소靈靈昭昭하니 어찌 감히 일호문란이리오. 근간 각지 도유道儒가 망령되이 존대尊大하여 혹 이 포包 연원이 저 포 연원에 옮겨들며 저 포 연원이 이 포 연원에 옮겨들며 혹 그 수령을 기롱하며 그 종맥을 손상하는 자 있다 하니 이것을 어찌 참으리오…….

『천도교교회사』

이 훈시는 당시 동학교단 사정을 설명하고 있다.

이 해 7월에 서인주와 서병학徐丙鶴이 교조의 신원을 위해 상소운동을 벌일 것을 최시형에 간청했다. 그러나 최시형은 이를 적극 만류하고 나섰다. 이에 이들은 이 해 10월에 자의로 도인을 공주에 모아놓고 감사 조병식에게 강경한 항의문을 보냈다.

이들이 계속해서 교주에게 압력을 넣자 최시형은 마지못해 삼례집회를 허락했다. 그리하여 서인주 등이 주동이 된 삼례집회에서 전라감사 이경직李耕稙에게 동학을 탄압하지 말라는 항의의 글을 보냈다. 당시 도인들의 분위기는 봉기를 서두를 태세였다. 이때 최시형은 공주에서 삼례로 오다가 낙상해 집회에 참석하지 못하고 발의문만 보냈다. 발의문에서 "복합상소의 건은 의논중이니 하회를 기다리라"고 타일렀다.

그러나 서인주를 중심으로 한 강경파들은 이 모임에서 복합상소를 계속 추진했다. 이에 어쩔 수 없이 이 해 12월에 보은 장내리와 청주 청산리 등지에 도소都所를 정하고 복합상소를 추진했다.

이 결과 1893년 2월 북접계통의 서병학, 박광호 등 많은 교도가 서울로 올라와 상소문을 들고 경복궁 광화문 앞에서 복합 시위를 벌였고 고종은 "좋은 조치가 있을 것이니 가서 기다리라"는 비교적 부드러운 조치를 취했다. 이때 서병학 등은 대병隊兵(구식 군대를 뜻하는 듯)과 합동하여 정부를 타도하자고 주장했지만

최시형의 지시를 잘 따르는 김연국, 손병희 등에 의해 좌절되었다(『천도교교회사』).

이 해 3월 11일에는 보은 장내리에 교조신원을 위해 전국의 교도 수만 명이 집결했다. 이것은 북접이 주도한 보은집회이다. 이때에도 온건파와 강경파가 나누어져 그들의 행동을 놓고 논란을 벌였지만 어윤중이 왕명으로 해산할 것을 종용하자, 은유에 감읍해서 임금이 있는 북쪽을 향해 네 번 절하고 해산했다 한다(『시천교역사』).

이때 전봉준이 주도한 남접세력 수만 명은 금구의 원평집회를 갖고 보은집회에 사람을 보내 동정을 엿보다가 보은집회가 해산되자, 이들도 일단 행동을 멈추고 해산했다. 그리고 곳곳에 모이기도 하고 흩어지기도 하면서 불온한 기색을 보이고 있었다. 최시형은 다시 인동, 금산(지금의 김천), 상주, 청산 등지로 잠행했는데, 이 무렵에도 서병학 등이 신원의 일을 다시 말하자 이를 만류하며 끝내 허락하지 않았다.


## 동학농민전쟁과 남북접의 갈등

1894년 3월, 전봉준, 김개남, 손화중 등이 고부에 이어 무장에서 봉기하고, 이어 각지에 격문을 보내고 나서 '보국안민'의 기치를 내걸고 일어났다. '보국안민'은 바로 정치적 구호였다. 이에 최시형은 통유문을 교도들에게 보냈다.

근래 들으니 교도가 본분에 안도하지 못하고 생업에 힘쓰지 아니 하고 당여黨與를 각각 세워서 서로 성원함에 예전 원수를 눈을 흘기며 갚으려 함에 이르러 위로 군부君父의 연연한 근심을 끼치고 아래로 생령이 도탄에 빠지는 근심을 불러오니 말이 이에 미치매 어찌 한심치 않으리오. 이와 같이 포유한 후에 잘 깨달아서 숨어 지내며, 도를 지키지 아니 하고 한결같이 미망에 잡혀 같은 악으로 서로 연결하면 하늘을 거스르고 스승을 배반함이라. 결단코 북을 울려 교에서 쫓아낼지니 이것을 모두 잘 알아서 한결같이 따라 어기지 말라.

『천도교교회사』

이는 남접의 봉기를 초기에 막으려 한 것이다. 이어 전봉준이 장성에서 중앙에서 보낸 관군을 격파하자, 최시형은 전봉준에게 경고문을 보냈다.

아비의 원수를 갚고자 할진대 마땅히 효도할 것이오. 백성의 곤궁을 구코자 할진대 마땅히 인仁할지라.…… 더구나 경經(『동경대전』을 뜻함)에 이르되, "현기玄機를 드러내지 말고 마음을 급하게 먹지 말라"라고 했나니 이는 선사의 유훈이시라. 운이 아직 열리지 않고 시대 또한 이르지 아니 했나니 망동치 말고 진리를 더욱 궁구하여 천명을 어기지 말라.

『천도교교회사』

“아비의 원수를 갚고자……”의 구절은 전봉준을 지적한 말이다. 최시형은 계속 교도들에게 망동하지 말 것을 일렀다. 이에 호남에서도 북접의 지시를 따르는 교도들은 전봉준의 봉기에 가담하지 않았고 오히려 호남의 북접계통과 남접, 북접의 남접계통끼리 서로 싸우고 죽이는 일까지 빈번하게 일어나고 있었다. 특히 전봉준, 김개남이 집강소를 설치하고 고리채의 정리, 신분의 타파, 부정한 수령의 처단 등의 일을 벌일 적에 이런 분쟁은 더욱 잦았다(남북접의 생성 원인과 분쟁은 오지영의 『동학사』 「남북접쟁단」에 자세히 언급되어 있다).

최시형은 공식 문서를 여섯 차례나 내려서 남접의 봉기와 교도의 동요를 나무랐다. 더욱이 남접을 치라는 뜻으로 '벌남기伐南旗(남쪽을 치는 깃발)'를 내려주기도 했다.

그러나 정부에서는 남접과 북접을 한 무리로 보고 단속했으며, 북접계통에서도 최시형의 경고를 무시하고 각지에서 봉기를 일삼았고, 북접 내의 서인주, 황하일 등도 행동에 나설 것을 주장했다. 그리고 남접에서 2차봉기를 단행하며 북접의 호응을 여러 차례 요구해오자, 최시형은 이에 손병희에게 대통령기大統領旗(큰 통령을 상징하는 깃발)와 벌남기를 주어 공주와 이인에서 전봉준과 회동하게 했다. 손병희는 논산에서 전봉준을 만나 '벌남기'를 찢고 '척왜양창의기斥倭洋倡義旗'를 내걸고 연합전선을 폈다.

이때 최시형은 전라도 일대에서 잠행하고 있었다. 그는 장수, 남원, 임실 등지를 다녔는데 공주, 원평, 태인 등지에서 패전한 뒤 남하한 손병희와 임실 조항리에서 만났다. 이들은 다시 북상하여 금산, 무주를 거쳐 영동에 닿았다. 영동 용산장터에서 격전을 치른 뒤 이들은 관군에 쫓겨 보은 종곡리에 와서 다시 격전을 치렀다. 그런 뒤 다시 관군과 일군에 쫓기는 몸이 되었다.

그런데 최시형은 이 무렵 충주 주둔 일본 병참소에 두 차례 글을 보냈다. 그 글의 일부 내용은 이러했다.

……비도의 뜻을 품은 서장옥徐璋玉(앞에 나온 서인주를 말함)과 전봉준의 무리가 사문을 거짓 핑계대어 망령되이 척화라 일컫고 무지한 교도들을 선동하여 깃발을 내걸고 죽창을 든 행동이 아주 모질었습니다. 또 우리 북접을 끼고 때를 타서 함께 봉기하려 했으나 우리 북접은 각별히 스승의 훈계를 따라 굳게 따르지 아니 했습니다. 아, 저 남접이 무리를 모아 세력을 믿으며 사람을 죽인 것이 아주 많았습니다. 저희 북접은 죄를 짓지 아니 했다고 생각합니다. 장차 무리를 들어(남접을 가리킴) 성토하려고 합니다.

『시천교역사』(시천교는 친일경향을 보인 동학의 한 갈래인데,
일본군에 보낸 이 두 건의 서신은 여기서만 언급되고 있다.)

두 번째 보낸 글의 한 대목은 이러하다.

……근래 한 지역이 겉으로 우리 교를 핑계대고 속으로 역적의 마음을 품고서 남접이라 자칭하고 도중徒衆을 규합하여 함부로 침폭했습니다. 그리하여 위로는 임금에게 근심을 끼치고 아래로는 백성에게 화를 부채질했으니 지극히 통탄스럽습니다. 또 저네 서

장옥, 허운초許雲樵 등은 우리 북접이 결단코 움직이지 않는 것을 원망하여 교인들을 셀 수도 없이 살해했습니다. 이와 같은 짓이 충군·우국하는 충성이겠습니까? 지금 우리 북접은 차마 앉아서 그 곤궁함을 당할 수가 없어서 부득이 거의성토擧義聲討하려고 합니다. 대중이 모이는 날 저희들은 마땅히 이해로 깨우쳐 귀순케 하겠습니다.

『시천교역사』

모든 봉기의 책임을 남접에 돌리고 또 자기들 손으로 남접에게 제재를 가하겠다는 뜻이다. 이것은 그들이 쫓기면서 남은 교도를 보호하겠다는 취지에서 나왔는지 아니면 그들의 타협적 성격 때문인지, 또는 앞으로 동학의 명맥을 유지하기 위한 방편에서 나왔는지는 모를 일이다. 그러나 우리는 역사의 한 대목에 서서 이 일을 음미해볼 필요가 있을 것이다.

최시형은 이 농민전쟁 중에, 임신한 아내가 감옥에서 다리가 부러지며 유산을 겪었고 열일곱 살 된 딸과 외손녀는 관에 잡혀서 청산의 통인通引에게 강제로 시집가는 비운을 겪기도 했다. 또 많은 측근의 교도들이 목숨을 잃었으며 30년 동안 동고동락하던 강시원을 잃기도 했다.

# 도통을 전수하다

최시형 일행은 다시 기약 없는 잠행길에 나섰다. 이들은 강원도로 달아나서 인제, 홍천을 헤매다니며 숨었다. 이렇게 1년을 보낸 뒤 1895년 말, 이들은 치악산 아래 수레촌으로 자리를 옮겼다. 그러나 최시형은 태백산을 헤맬 적보다는 어려움이 적었던 것 같다. 이때는 강원도에도 많은 교도들이 있어 도움을 받았기 때문이다. 그가 치악산 아래로 온 것은 그의 생애의 종장을 의미했다.

이때 그는 몸도 늙고 마음도 약해져 있었다. 현실에 대한 좌절과 스승에 대한 연모가 뒤엉켜 그를 방황하게 했으리라. 그런 탓인지 1896년 1월 그는 손천민에게 송암松菴, 김연국에게 구암龜庵, 손병희에게 의암義菴이라는 도호道號를 내리고 이 세 사람으로 하여금 합의체로 모든 일을 처리하게 했다. 이를테면 그는 2선으로 물러앉은 것이다.

그리고 그는 '북접법헌北接法軒'을 '용담연원龍潭淵源'으로 고쳐 특정지역을 지칭하는 모습을 탈피했다. 아마 이때는 황해도, 평안도, 함경도까지 동학이 퍼져 있어 충청도와 강원도 등 특정지역의 이미지를 풍기는 '북접'이라는 호칭을 불식하려 했는지도 모른다. 그리고 이 해 12월에 손병희를 대도주大道主로 삼아 도통을 전수했다(『시천교역사』에는 이 부분에 대한 언급이 없다. 이것은 김연국을 도통전수자로 보려는 경향을 나타낸 것이다).

1898년에 최시형은 홍천에서 은신하고 있었다. 이때도 동학교

도에 대한 일대 수색령이 내려져 있었다. 그리하여 열렬한 동학인이요 농민전쟁 때 큰 활약을 보인 이상옥李祥玉(뒤에 용구로 개명)이 충주에서 잡혔고 또 교도 권성우權聖佑가 이원에서 잡혔다. 권성우는 매에 못 이겨 최시형의 거처를 일러주었다. 그리하여 군사가 홍천 그의 거처로 들이닥칠 적에 그는 이질을 앓아 자리에 누워 있었다. 군사들은 그의 집에 들어왔으나 그를 알아보지 못했다. 이어 이웃집을 수색하자 김낙철이 스스로 최시형임을 자칭하여 잡혀갔다.

체포를 모면한 최시형은 들것에 실려 다른 곳으로 옮겨졌다. 3월에 그는 치악산이 바라보이는 원주 서면 송동으로 거처를 정했다. 이때는 그의 아내와 어린 아들도 함께 와 지냈다. 이렇게 병을 다스리며 지낸 지 한 달도 못 되어 다시 그의 거처로 군사들이 들이닥쳤다. 교도인 송경인宋敬仁이 상금과 공을 탐내 그를 밀고한 것이다. 그렇게 은신술에 뛰어났던 그도 제자의 배반으로 잡힌 몸이 되었으니, 천운이 다한 것인가?

교도 몇 명이 잡혀가는 그의 뒤를 따르며 울음을 삼키자, 군사들은 그들을 주먹으로 때리고 발로 찼다. 이에 그는 군사들을 꾸짖었다.

죄 없는 사람을 때리면 도리어 그 죄를 받게 된다. 너희들은 하늘이 두렵지 않느냐?

쇠약한 노인으로서는 마지막 풍모를 보인 것이다. 그는 평리

 구국의 길에 햇불을 밝힌 민족종교

원 재판장 조병직에 의해 '좌도난정'이라는 죄목으로 교수형의 선고를 받았다. 그리하여 6월 2일, 일흔두 살의 파란만장한 생애를 마쳤다.

그는 감옥에 있으면서 아픈 몸으로도 동학의 주문을 잠시도 쉬지 않고 외웠다고 전해진다. 그의 시신은 문도들에 의해 경기도 광주 땅에 묻혔다가 뒤에 여주 천덕산 기슭으로 옮겨졌다(『시천교역사』).

일제의 관헌이 그에게 전봉준의 경우와 같이 회유했다는 기록은 전해지지 않는다. 또 그의 스승과 같이 '좌도난정'의 죄목으로 죽었지만 그에게는 반역죄가 붙지 않았다. 나중에는 그의 충실한 교도였다가 뒤에 일제에 회유를 당해 친일파로 변신했던 이용구의 주선으로 신원되었고 동학교단도 이용구에 의해 공인을 받았다. 이것이 역사의 장난이 아니겠는가?

## 인간 평등을 가르친 종교실천가

한 인간, 특히 역사적 인물을 평가할 때는 각자의 역사관이나 인생관에 따라 달라질 수밖에 없다. 최시형에게는 종교적 차원과 변혁적 차원의 양면에서 볼 때 두 가지를 모두 충족시킬 수는 없다. 이런 점에서 결론부터 먼저 말하면, 그는 전봉준과는 사뭇 다르다. 여기에서 우리는 몇 가지로 나누어 최시형의 성격과 행적을 평가할 수 있다.

첫째는 끈기와 성실성이다. 이 점이 바로 최제우로부터 도통을 전수받게 된 이유였고 동학을 세상에 포덕하게 된 원동력이었다. 그는 '최보따리'라는 별명이 붙을 정도로 자주 쫓겨다니면서도 잠시도 쉴 틈이 없이 주문을 외우고 기도를 드리고 제사를 받들었다. 이것은 40여 년간의 변함없는 생활태도였다.

그는 동학도로서 한 점 흐트러짐이 없었다. 종교적 엄숙함을 결코 잃지 않았다. 이런 태도가 동학을 재건할 수 있는 원동력이 되었다.

둘째는 관용과 근면성이다. 최제우의 아내와 자식이 그를 핍박하여 푸대접을 했어도 결코 그들을 원망하거나 외면하지 않고 도와주었다. 비록 그를 멀리하고 배반하는 사람이 있을지라도 그는 계속 접근하여 기어코 교도로 만들기도 했다. 그에 대한 이런 기록이 전해진다.

평시에라도 낮잠을 자거나 또는 손을 놓고 무료하게 있는 법이 없고 반드시 짚신을 삼으며 또는 노끈을 꼬나니 만약 노끈을 꼬다가 일감이 다하고 보면 꼬았던 노끈을 다시 풀어 꼬되 제자들이 그 이유를 물으면 가로되 "사람이 거저 놀고 있으면 한울님이 싫어하시나니라" 할 뿐이오. 한 달 혹은 석 달이 멀다 하고 이사를 하시되 새로 든 집에 가서는 반드시 나무를 심고 겨울이면 멍석을 내었다. 가인家人과 제자들이 "내일이라도 다른 곳으로 이사를 갈 터인데 그것은 하여 무엇하겠습니까" 하고 물으면 신사 대답하되 "이 집에 오는 사람이 과실을 먹고 이 물건을 쓴들 무슨 안 될 일이 있겠느

냐? 만약 세상 사람이 다 나와 같으면 매사 다닐 때에 가구를 가지고 다닐 필요가 없나니라" 하시었다.

『천도교창건사』

이런 면모는 바로 그의 근면함을 단적으로 보여준다. 그는 머슴, 농부가 되기 일쑤였고 짚신이나 베를 짜서 생업을 이었다.

셋째는 그는 철저한 인도주의자였다. 반상과 적서의 차별을 타파하고 종을 잘 대우하고 노인과 청년을 동등한 예우로 대했다. 그는 "길가에서 어린이를 때리는 것은 하늘의 뜻을 상하게 하는 것이다. 곧 하늘을 때리는 것이다"라고 가르쳤고, "부인, 소아의 말이라도 이를 배우라"고도 했다. 또 "집안사람을 한울같이 공경하라. 며느리를 사랑하라. 노예를 자식같이 사랑하라. 우마, 육축을 학대하지 말라. 만일 그렇지 못하면 한울님이 노하시니라"라고 「내수도문」에서 일렀다.

그는 여인들의 베 짜는 소리를 듣고 "천주의 소리니라"고 말했다. 그는 여성의 인권과 대우를 위해서 끊임없는 가르침을 보냈다. 아마도 우리나라 최초의 '페미니스트'라고 해도 지나친 말이 아닐 것이다.

이러한 가르침은 최제우가 말한 '인시천'의 사상을 몸소 실천한 것이다. 하늘과 인간이 같다는 것은 동학이 철저한 민본의 종교임을 표방한 것이요, 최시형은 그 가르침을 잘 수행했다고 볼 수 있다. 그러기에 최제우는 선생 또는 대주인으로 불렸고 최시형은 주인으로 불리지 않았던가?

이런 것이 인간 평등을 가르친 스승, 그리고 꿋꿋한 종교실천가의 면모일 것이다. 하지만 신분제도의 부당함이라든가, 인간 평등의 원리라든지, 구체적 이론을 제시하지는 못했다. 그럼에도 "동학에 들면 누구나 양반이 된다"는 소문이 퍼져 더욱 최시형 아래로 입도하는 사람들이 늘어났다. 특히 노비, 백정 등 천민들과 몰락 양반, 낮은 관료집단인 이서들이 몰려왔다. 따라서 동학의 초기에는 '반불입班不入 사불입士不入 부불입富不入'이라 하여 민중종교로 자리를 잡았다.

최시형은 스승의 가르침에 따라 모든 신분계층을 가리지 않고 서로의 호칭을 접장接長으로 통일해 부르게 했다. 스스로 자신을 부를 적에는 하접下接이라 했다. 접장은 보부상의 최소 단위의 책임자를 가르키는 용어로 쓰여 왔는데 이를 원용한 것이다. 접장은 가장 평등한 호칭이었다.

그런데 뒷날 손병희는 동학을 천도교로 개칭하면서 최제우를 대신사, 최시형을 신사, 자신은 성사로 바꾸어 놓았다. 이것은 서구의 종교를 흉내낸 것이다. 철두철미 동학인이었던 최시형의 본모습과는 배치되는 일이 아닌가?


## 변혁의지와 현실개혁의 한계

한편 그의 다른 면모를 보자. 그가 살던 시기는 분명 억압과 혼돈, 갈등 그리고 나라의 주권이 유린되고 민족적 모순을 겪은 시대였다. 이런 속에서 그의 변혁의지와 현실개혁이라는 실천적 행동에는 어느 정도 한계가 있었다.

그는 역사의 순환이 어떤 것인지, 제국주의 침략의 실상이 어떠한지, 봉건체제의 타파를 어떤 방법으로 해야 하는지에 대해서는 깊은 식견과 투철한 행동을 보여주지 못했다. 영해 거사와 교조신원운동, 농민전쟁 시기에 그는 늘 마지못해 뒤따라 다니기만 했다. 물론 그가 이런 항거에 적극적으로 나섰다고 하여 소기의 성공이 기약되는 것은 아니다.

그러나 그가 실천적 행동을 늘 주저한 것은 그의 성격적 나약성과 역사의식의 부족을 보여준다. 그가 비록 '시운불래時運不來'나 '현기불로玄機不露'를 말했지만 끝내 나라는 일제에 넘어가고 민족은 더욱 고통을 받지 않았는가?

후천개벽의 5만 년 운수를 기다리며 현실에 안존하려는 것은, 일개 종교지도자의 모습이지 결코 스스로 쟁취하려는 변혁 사상가나 민족의 지도자다운 행동철학은 아니다.

단적인 예로 아무리 위급한 처지에 놓여 있고 또 동학교단을 보호하기 위한 수단이라 할지라도 일본군에게 굴욕적인 서신을 보낸 행위는 하나의 교훈을 줄 것이다. 그리고 그에게서 일제에 대한 항거의 구체적 가르침을 찾을 수 없고, 또 일제와의 묵은 혐의를 없애자고 말한 것은 식민통치를 겪은 민족으로서는 그의 엷은 현실인식 또는 역사의식을 탓하지 않을 수 없다.

# 손병희

민족대표요 천도교 3대 교주

## 3·1운동의 주역

3·1운동 직전, 「독립선언문」과 「공약삼장」을 보성학원 내 보성사 인쇄소에서 은밀하게 찍고 있었다. 이 일에 사장인 이종일李鍾一, 담당기술자 그리고 사동 등 세 사람만 참여하여 밤에 커튼을 드리우고 극비로 작업을 진행했다. 한창 인쇄가 진행되고 있는데 밖에서 문을 두드리는 소리가 들려왔다. 즉시 작업을 중단하고 귀를 기울이니 고함 소리가 빗발쳤다. 바로 종로서의 악질형사 신승희의 목소리였다.

일단 문을 열어준 이종일은 공포와 분노로 오금이 저려 왔다. 이종일은 두 손을 모아잡고 읍소했다. 이것만은 눈감아 달라고. 그리고 손병희 선생에게 함께 가자고 그의 소매를 끌었다. 그의

손병희　그는 초기 우리의 민족운동에서 어느 누구보다도 영도적 위치에 있었으며, 방법에 있어서도 때로는 폭력노선, 때로는 개혁노선, 때로는 비타협노선을 적절히 구사했다.

입에서 "나는 여기 있을 테니 당신이 갔다 오시오"라는 부드러운 대답이 나왔다. 이종일은 단숨에 손병희孫秉熙(1861~1922)의 거처로 달려갔고 자초지종을 들은 손병희는 안방에서 돈뭉치를 꺼내주었다. 신승희는 돈뭉치 5천 원을 받고 유유히 사라졌으며, 「독립선언문」과 「공약삼장」 2만 1천 장은 경운동 천도교당의 창고에 무사히 보관되었다(이종일의 『묵암비망록』 참고).

이때 요긴하게 쓰인 돈 5천 원은 말할 것도 없이 천도교측 자금이었는데, 당시 3·1운동을 앞두고 천도교에서는 기독교의 이승훈에게 5천 원, 상해의 신한청년당에 3만 원, 만주의 독립활동 자금 6만 원 등을 지출했다. 당시 천도교측은 경운동 대지매입

과 교당신축으로 재정이 궁한 상태였다. 더욱이 일제는 이런 일
에 기부금 모금은 불법이라고 막고 있었던 처지였다.

이리하여 천도교측은 3·1운동으로 막대한 빚을 졌고 이를 계
기로 나중에 산하에 있던 교육기관을 넘겨주어야 했다. 물론 이
것은 민족독립을 위해 천도교단이 희생한 것이었고 이 일은 손
병희가 주동이 되어 과감히 추진했다. 손병희에게도 포폄이 따
르기는 하나, 그는 3·1운동의 주역이었던 것만으로 민족사에 빛
나는 이름을 올리고 있다.


## 동학에 입도하다


손병희의 생애는 대체로 다음의 네 단계로 나눌 수 있다. 첫
단계는 그가 태어나서 동학에 입도하기까지이다. 그는 청주 아
전의 서자로 태어났다. 신분사회에서 그는 이중의 굴레를 쓰고
태어난 것이다. 그의 집안은 재산이 없어서 어릴 적부터 교육을
제대로 받지 못했다. 그러나 그는 곰 같은 듬직한 체구와 호랑이
상으로 협기가 남달랐다고 한다.

이때에 전해지는 두 이야기는 그의 인생관 형성과 밀접한 관
련이 있다. 어느 날 그의 아버지는 어린 응구應九(아명)를 불렀으
나 그는 못들은 척 아무런 대꾸가 없었다. 아버지는 버럭 소리를
지르고 꾸짖었다. 그러나 "저는 오늘부터 아버지를 아버지라 부
를 수 없습니다. 왜 적자와 서자의 차별을 둡니까? 이제부터 적

자와 서자의 차별이 없어지지 않는다면 저는 죽어도 아버지라고 부를 수 없습니다"라고 말했다. 그의 아버지는 가정에서만은 적서차별을 철폐했으나 그는 끝내 아버지가 죽을 때까지 아버지라고 부르지 않았다고 한다. 서자차별제도에 대한 하나의 저항이었다.

하루는 그의 고향 대주리 뒷산 망월산에 손씨들의 시제가 있었다. 이 해에 장가를 든 손병희는 관례에 따라 시제에 참례하려 제석에 들었다. 그러나 서손이라고 하여 묘의 앞자리에 도열하는 것을 금했다. 이에 그는 말없이 마을로 내려와서 삽을 들고 다시 올라와 묘를 파기 시작했다. 이를 본 종중 인사들이 야단을 떨자 "내가 아무리 서자라 해도 조상은 같은 조상입니다. 서자는 조상의 무덤 앞에서 절마저 할 수 없다 하니 부득이 나는 조상의 배라도 나누어서 따로 산소를 모시고 참배해야겠소"라고 말했다. 결국 그는 앞자리에서 참배했다고 한다. 차별을 타파하려는 의지를 행동으로 보인 것이다.

이 두 이야기는 그가 스스로 가정과 가문에서나마 적서차별을 깨부수려는 의지를 보여준다. 이런 성격 탓으로 때로는 무뢰배의 행동을 보이기도 하고 때로는 의협의 기질을 보이기도 하다가, 그는 22세 때인 1882년에는 동학에 입도했다. 적서차별을 철폐하고 새로운 사회를 건설하겠다는 동학에 그가 입도한 것은 어찌 보면 당연한 귀결이다. 이것이 그의 생애 두 번째 단계이다.

## 동학의 지도자가 되다

그가 동학에 입도한 뒤에는 양반의 능욕과 같은 행동보다는 조용히 기도하거나 교리를 포덕하는 일에 전념했다. 그는 수도자의 길을 걸으며 광제창생과 보국안민의 이념을 탐구하기에 여념이 없었다. 더욱이 해월 최시형의 고제가 되고 의암義庵이라는 도호를 받고 난 뒤인 1890년대에 들어서는 동학의 지도자로 부상했다. 이어 교조신원운동이 전개될 적인 1893년경에는 김연국, 손천민과 함께 동학의 3대 지도자로 부상했다.

보은집회를 통해 교조신원운동을 전개할 적에 동학 내부에서는 '척왜양'이라는 반침략운동이 당면과제로 떠올랐다. 손병희도 여기에 적극 동조했다. 이어 1894년 동학농민전쟁이 일어났을 적에 최시형 계통의 동학 교단조직인 북접의 미온적인 태도를 누르고 북접의 통령으로 반봉건 반침략의 항쟁에 나섰다. 1894년 10월 전봉준과 연합전선을 형성해 공주전투를 벌였다. 하지만 전봉준이 이끄는 농민군을 돕는 형세였다. 공주에서 패전한 이후 전주 태인전투에 이르기까지 전봉준과 행동을 같이했다. 그는 임실에 숨어 있는 최시형을 데리고 충청도 영동, 보은 일대에서 다시 전투를 치른 뒤 최시형과 함께 강원도로 숨어 다녔다.

1897년 최시형은 동학의 도통을 손병희에게 전수했는데 이때부터 그의 제3의 생애가 전개된다. 이듬해 최시형이 체포되어 처형되고 난 뒤 손병희은 동학재건에 헌신하는 한편, 세계정세에 눈을 돌려 대외인식에도 새로운 관심을 보인다. 특히 국사범으로 1901년 일본으로 망명길에 오르고 나서 그는 미국에 가기 위해 상해에 들르기도 한다.

일본에 머무는 동안 그는 일본의 신문물을 살펴보았고 그곳 정객들과 우리의 망명객인 오세창, 박영효, 이용구 등과 어울렸다. 이때 그는 자본주의국가의 발전상을 보고 종교운동에서 정치개혁 쪽으로 눈을 돌리기 시작했다. 이용구가 이끄는 정치조직 진보회進步會로 하여금 러일전쟁을 벌이는 일본에 협조하게 하고 러일전쟁이 진행될 적에 군자금 1만 원을 제공하기도 하고 철도 부설에 교인들을 노동자로 동원해 협조하도록 했다.

러일전쟁에서 조선은 중립을 선언하나, 내용으로는 일제에 협조하여 전승국의 일원으로 대일교섭을 벌이며 진보회를 동원하여 폐정개혁弊政改革을 단행하려는 구상이었다(『의암 손병희 선생 전기』). 그러나 이런 구상은 일제의 의도를 전혀 모른 것이었다. 러일전쟁 후 외교권을 접수하는 '을사조약'이 강요되었고 진보회는 일진회로 개칭되어 친일부역에 앞장서게 되었다.

동학의 일부 교도는 원래 반침략 노선에서 진보회-일진회를 거치면서 친일부역의 길을 걸었다. 이 속에서 손병희에게 석연치 않은 행동과 불철저한 지도노선이라는 비난이 따랐다. 뒷날 이를 혁신운동이라고 부르기도 하나 정통성의 혼란을 유발했다는 지적도 있다.

# 동학을 천도교로 개편하다

1905년 12월 손병희는 동학을 천도교로 개편했다. 하지만 새로운 종교 천도교를 창시한 것이나 다름없었다. 이때 그는 기본 강령을 발표했는데 ① 독립의 기초, ② 정부 개혁, ③ 군정 재정 정비, ④ 국민의 생명 재산보호 등을 내걸었다. 이런 내용은 마치 정당의 강령과 별반 다를 바 없었다. 다만 오관五款이라 명명한 교도의 수행 지침에는, ① 주문, ② 청수淸水, ③ 시일侍日, ④ 성미誠米, ⑤ 기도 등이었는데 이것은 동학의 수행방법을 정리하고 새로 '성미'를 보탠 것이다. 이 의례는 교도의 의무였고 만일 이를 제대로 지키지 않으면 출교처분을 할 수 있었다.

그러면 '성미'는 무엇인가? 교도들은 부엌에 성미 주머니를 걸어놓고 밥을 지을 때마다 식량을 식구마다 한 숟가락씩 덜어내 성미 주머니에 담는다. 이를 모아 한 달에 한 번씩 헌납하는 것이다. 성미 헌납은 교도의 의무였다. 성미와 함께 실천행동으로 '흑의 단발'을 장려했다. 곧 교단의 지도자와 신도들은 검을 물을 들인 옷을 입고 상투를 잘라 단발을 하게 한 것이다. 이는 개화 시기 의복제도 개혁과 같은 것으로 일종의 개화운동이라고 볼 수 있을 것이다.

손병희는 평소에 머리를 깎아 '하이칼라'를 하고 승려와 비슷한 물감을 들인 두루마기를 입었다. 두루마기에는 옷고름 대신 단추를 달았다. 간소복이었다. 이 차림이 교단 지도자의 평상복이었다. 이는 또 생활개선운동이기도 했다. 이 시기 이런 여러

운동을 '갑진혁신운동'이라 불렀다.

그는 이와 함께 이용구, 송병준 등 친일파들이 주도하는 일진회를 축출하는 운동을 벌여 새로운 분위기를 조성했다. 하지만 많은 사람들은, 손병희가 친일파를 축출하는 운동을 벌였는데도 천도교를 친일파 집단으로 간주하거나 그를 친일파 두목으로 보고 테러를 가하거나 지탄을 퍼붓기도 했다.

그는 새로운 돌파구로 대한자강회 등과 손을 잡고 여러 사회운동을 펼쳐서 1906년 이후 교세가 급속도로 상승했고 이에 따라 성미를 통한 자금이 쏟아져 교단 재정이 넉넉하게 되었다. 손병희는 한때 옛 동학의 동료인 김연국에게 대도주大道主를 삼아 교단 조직을 물려주었으나 김연국이 이를 이용해 손병희의 지도를 거절하고 독자적 행동을 벌이자, 대도주 자리를 1908년 박인호에게 맡겼다. 박인호는 그의 충실한 후계자 노릇을 했다. 이를 전후로 해서 교주에 대한 호칭이 정해졌는데 1대 교주 최제우는 대신산大神師, 2대 교주인 최시형은 신사, 3대 교주인 손병희는 성사聖師, 4대교주인 박인호는 대도주라 부르게 한 것이다.

이 시기 그는 보성사를 설립해 출판운동을 벌이기도 했고 보성학원을 설립해서 소학교 중학교 전문학교를 운영하기도 하고 또 동덕여학교를 설립해 여성교육도 펼쳤다. 이 사업들은 뒷날 천도교가 출판 잡지를 통한 언론운동, 야학과 계몽을 통한 대중교육운동, 그리고 어린이운동, 여성운동, 청년-농민운동을 줄기차게 벌이는 계기를 만들어 놓았다. 이 무렵 그에게 충성을 다하는 최린이 등장해 교육사업 등 여러 일을 도왔다.

# 교주의 권위에 맞선 사람들

한편 손병희는 동학을 천도교로 개편하고 난 뒤 자신의 열정과는 달리 자신의 권위에 도전한 세력이 일어났다. 분명히 천도교를 새로 일으킬 때 손병희는 구원자처럼 군림했다. 동학농민전쟁이 수많은 민중의 희생을 치르고 끝난 뒤 끝내 일제 식민지로 전락했을 때 그들은 방향을 잡지 못하고 희망을 잃으면서 좌왕우왕하고 있었다. 이럴 때 그 민중은 하나의 희망을 천도교에 걸었던 것이다.

민중은 천도교의 가르침과 지시를 너무나도 잘 따랐다. 동학교도들은 최시형이 이끈 동학 때부터 남을 위해 자발적으로 성미를 바쳤다. 성미는 나눔의 인보정신이었다. 그래서 천도교에는 엄청난 성미가 들어 왔고 교단의 재정적 형편은 외국의 지원을 받는 기독교 교회를 능가하는 수준이었다. 이를 마지막 결재하는 사람이 교주 손병희였다. 이 대목에서 손병희에 대해 역사적 경고라는 이름을 빌어서 다음과 같은 사실을 적시하려 한다.

1909년 하나의 좋지 않은 빌미가 생겨났다. 손병희는 서울 가회동에 저택을 마련했는데 대지가 2천여 평, 건물이 2백여 칸이었다. 부호의 집이 저당 잡혀 넘어가는 것을 반값에 사들였다고는 하지만 권문세가나 부호가 살 집이었다. 이 저택에 자신의 가족은 물론 최시형의 가족, 곧 최시형의 아들인 동희 형제와 딸, 생질 등 30여 명이 모여 살게 했다. 최시형의 가족에게는 천도교 총부에서 매달 150원씩 보조하게 했다.

이 저택은 바깥사랑채와 안사랑채와 별채 등 건물이 다양하게 배치되어 있었고 정원 가운데에는 냇물이 흘렀으며 정원 뒤에는 울창한 소나무 숲이 있었고 그 옆에는 정자가 자리 잡았다. 이 저택에는 많은 운동가와 명사들이 드나들면서 집회장소로도 이용했는데 그 호화스런 저택을 보고 의아해 인사들이 많았다.

1910년대 들어 일제 경찰은 더욱 손병희의 행동을 감시했고 이 저택에는 헌병과 경찰의 눈이 잠시도 멈추지 않았다. 손병희는 일체 정치적 운동은 중지하고 종교운동에만 열중했다. 이를 두고 뒷날 위장술이었다고 말하는 이도 있다. 그런데 이 무렵 그의 사생활에 대해 이런 기록이 전해진다.

> 의암은 외출시를 위해, 19세기 서양 왕족들이나 타고 다니던 금빛 찬란한 쌍두마차를 1대 구입했다. 정장 정모를 한 중국인 마부가 이따금 휘두르는 회초리에 위세 좋게 종로 거리를 달리노라면 그 어느 조선의 왕족도 무색할 정도였다. 또한 고종황제보다 더 좋은 외제 고급승용차 롤스로이를 타고 다니면서 천도교의 위세를 자랑하기도 했다. 때로는 천도교 간부들과 함께 명월관 기생집에 출입하면서 주색에 묻혀 호탕한 생활을 하기도 하고 박영효 등 구한말의 귀족들과 어울리면서 취운정 사장에서 활을 쏘는 등 온갖 풍류를 다 즐겼다.
>
> 최정간 「해월 최시형가의 사람들」

이 표현은 결코 과장된 것이 아니었다. 여러 기록에 이런 행적이 나오고 있다. 그는 교직자로서는 기질이 너무 호방했고 수완이 좋았다. 그의 명의로 수만 평의 호화별장도 소유하고 있었다. 1915년에는 박영효의 호사스런 별장이던 상춘원을 2만 원에 구입해서 회의장 등으로 사용했고 천일기념일에 교도 5천여 명이 모여 축하행사를 했을 때에는 명월관에 교자상 요리 50상을 주문하고 원각사 기생 50여 명을 부르기도 했다. 이것이 교도들의 사기를 고무하고 천도교의 위세를 올리려 해서일까? 아무튼 손병희의 호화생활에 비난이 쏟아졌다.

더욱이 명월관 기생 주농파朱弄波(본명은 옥경鈺卿)를 첩으로 맞이해서는 그 비난이 절정에 올랐다. 주농파는 18세의 기생으로 명월관에 근무하면서 가무가 뛰어나 많은 인기를 얻었다. 그는 서울의 명사인 손병희와 고종의 아들인 이강를 비롯해 박영효, 김성수 등의 주흥을 돋우는 명월관의 간판 스타였다. 게다가 젊은 천도교 간부들도 그녀의 가무를 즐기면서 어울렸다. 손병희는 주농파의 예명을 산월山月과 취미翠眉라 지어 주기도 했다. 손병희가 주농파를 아끼는 줄 안 사위인 정광조와 김상규 그리고 최린이 합작해 주농파의 낙적落籍 공작을 벌였다.

낙적은 기적에서 이름을 지우고 몸을 빼내 다른 데로 시집가는 것을 말한다. 다시 말해 그녀를 손병희의 부인으로 들여앉히는 거사였다. 그녀는 18세로 손병희와 33살의 나이 차이가 났다. 나이로는 너무 어울리지 않았다. 더욱이 손병희에게는 이미 첫째 부인 곽씨와 둘째 부인 홍씨가 있었다. 이에 대해 이런 기록이 있다.

의암의 사위이자 소수(최동희)와는 동경유학의 동기생인 정광조,
보성학교 교장인 최린, 김상규 등 이들 모두가 의암의 귀와 눈을
멀게 하는 장본인들이었다.

최정간「해월 최시형가의 사람들」

곧 위 세 사람이 이 거사를 추진했고 주변의 모든 인사들이 이
를 만류했던 것이다. 막상 일이 성사되어가자 곽씨, 홍씨는 말할
것도 없고 여러 사람들의 반대와 비난이 쏟아졌다. 특히 손병희
의 생질이요, 최시형의 아들인 최동희는 자신에게 술을 따르던
주농파가 자신의 외숙모가 되고 또 사모님으로 불러야 하는 처
지에 분개해 이를 적극 반대하고 나섰다. 최동희는 천도교의 개
혁, 시천교와 통합, 항일운동의 전개, 호사생활 청산, 주산월의
낙적을 반대하는 조목을 들고 손병희에게 건의했으나 오히려 파
문을 당할 정도로 소외를 받았다.

손병희는 위기에 몰렸고 원성을 잠재우지 않으면 리더십에 큰
상처를 입게 되었다. 오히려 총독부에서는 종교의 일이라 하여
이런 교단의 자금 등의 비리를 캐려 하지 않았다.

## 3·1운동의 횃불을 올리다

그는 1919년에 들어, 1차 세계대전의 종결에 따라 제기된 민
족자결원칙과 파리강화회의 개최를 앞두고 일대 독립운동을 펼

치기로 결심했다. 그는 이해 1월부터 49일의 기도회를 갖고 독립운동의 방략을 대중화, 일원화, 비폭력화에 두는 구상을 했다. 동학농민전쟁의 폭력적 항쟁이 실패하고 갑진년 혁신운동이 과격했다고 판단해 민족 내부의 역량 결집 등 새로운 방략을 제시한 것이다.

그리하여 마침 고종의 인산因山(국장)이 있는 날을 잡아 비폭력 운동을 전개하기로 결심했다. 하지만 참으로 일대 모험이었다. 온갖 고난을 뚫고 이룩한 천도교가 어쩌면 종말을 고할지 모르는 국면을 맞이할 수 있을 것이다. 손병희는 오세창, 권동진, 최린 등을 시켜 운동에 참여할 구한말 고관과 귀족출신 인사의 포섭을 시도했고 언론 학생 농민 등 통일전선을 모색하기도 했다.

결과적으로 농민 노동자 등 계급적 이해를 대표하는 인사를 제외하고 종교계 인사를 중심으로 민족 대표 33인이 구성되는 한계를 보였다. 이들 민족대표들이 타협적 자세를 보이기도 했으나 한용운 등 굳은 신념을 지닌 민족주의자들이 주도하기도 했다. 이는 식민지화 이후 10년 동안 이루어진 인재양성과 역량 축적이 이를 계기로 결집한 것이다. 그리하여 세계 식민지 국가에서 가장 격렬하고 규모가 컸으며 영향력이 널리 끼친 3·1만세 운동이 전개된 것이다.

어쨌든 3·1운동은 일제 당국도 놀란 거대한 민족운동이었다. 동학농민전쟁이 항일전선에서 최초로 폭력적 방법을 추구했다면 3·1운동은 비폭력 독립운동이었다. 그 운동은 국내만이 아니라 만주와 러시아 땅 연해주와 미주 지역으로 퍼져 나갔고 마침내 상해 임시정부를 발족시키는 결정적 계기를 만들어냈다.


## 독립선언을 하고 감옥에 갇혀


손병희는 모든 준비를 끝낸 뒤 거사를 앞두고 마지막으로 천도교 대도주 박인호에게 교도를 "선호 진행善護進行"할 것을 당부해 두었다. 자신이 감옥에 갇힐 것을 염두에 두고 사후 조치를 당부한 것이다.

그는 3월 1일 아침 5시 30분 여느 때처럼 잠자리에서 일어나 청수를 떠놓고 기도를 올렸다. 그는 비폭력 무저항의 소신이 최선의 선택이라고 다시 다짐했다. 다시 갑오년의 무력항쟁, 갑진년의 과격행동을 뒤돌아보았다. 아침 식사를 하고난 뒤 최린이 달려와 자기 집 앞에 독립선언문 2장이 뿌려졌다고 보고했다. 이미 일은 저질러져 있었다.

손병희는 오세창, 권동진, 최린과 함께 인력거를 불러 타고 12시 30분 인사동의 명월관 지점인 태화관에 이르렀다. 이곳 별실에 사람들이 모여 들었다. 약속시간인 1시 30분이 넘어서 참석인원을 보니 33인 중 길선주, 유여대, 김병조, 정춘수 등 4명이 불참했다. 참석한 이들은 각기 선언서를 묵묵히 읽어 내려갔다.

이때 현관에서 고함치는 소리가 들려왔다. 학생대표 강기덕 등 세 학생이 몰려와 학생들은, 지금 탑골공원에는 학생 시민 등 수천 명이 모여 선생들을 기다리고 있는데 대표들이 요정에 앉아 있느냐, 군중들은 변절한 것이라고 분격할 것이라고 항의였다. 최린은 비밀을 지키기 위해 장소를 이곳으로 변경했다고 설득하고 학생들은 그들대로 거사를 추진하라고 타일러 보냈다.

얼마 뒤 요리상이 운반되었다. 먼저 한용운이 일어나 총궐기해 민족독립을 주장하자는 일장 연설을 하고난 뒤 축배를 들고 조선독립만세를 세 번 소리 높여 외쳤다. 이들은 태화관 주인을 불러 총독부에 전화를 걸어 이 사실을 고발하라고 일렀다. 사실 이미 학생을 시켜 독립선언서를 총독부에 전달케 했고 종로경찰서에는 인력거꾼을 시켜 거사 사실을 적은 편지를 보냈다. 마침 탑골공원의 만세 외치는 소리가 태화관 별실에까지 들려왔다.

이들이 식사를 마치고 난 뒤 곧이어 순사 헌병 7, 80여 명이 태화관을 에워쌌고 연행을 시도했다. 이때 최린은 "대표들이 흥분한 대중 앞을 걸어서 갈 수 없으니 차를 준비하라"고 일렀다. 30분이 지나 차 한 대가 오자, 담당 경찰은 한 번에 세 분씩 타고 왕래케 해달고 말하고 손병희를 먼저 태웠고 그 다음 차례로 연행했다. 이들은 남산 왜성대에 있는 경무총감부 감방에 수감되었다. 이들이 연행되는 도중 학생들이 길 좌우에 도열해 모자를 벗어 흔들기도 하고 독립만세를 외치기도 했으며 대표들도 만세를 부르면서 화답하기도 하고 독립선언서를 차창 밖으로 뿌리기도 했다. 그 뒤 서울 시내는 만세 소리와 태극기 물결로 요동쳤다.

손병희는 모일 장소로 처음 학생들과 탑골공원으로 정했는데 비밀유지라는 구실로 장소를 바꾸었다. 그리고 사전에 경찰에 연행해가라는 연락을 해두었다. 이들은 왜 탑골공원에서 시민 학생들과 만세를 부르지 않았으며 각지로 흩어져 독려해야 함에도 먼저 연행을 자청했던가? 물론 이들은 사전에 독립선언문을 학생 대표들과 각지에 배포했다.

경무총감부 감방에 수감된 29인은 독방에 갇혀서 연일 신문을 받았다. 이어 길선주, 유여대, 정춘수 등 3인은 자수를 했고 김병조는 망명을 해서 체포지 않았으며 다른 연루자 곧 독립선언서를 집필한 최남선과 33인을 방조한 송진우, 현상윤, 박인호 등 16인이 체포되어 함께 신문을 받았다. 이들 모두를 합해 48인을 내란죄 피의자로 다루었다. 내란죄의 적용을 받게 되면 최고 사형을 내릴 수 있었다.

그들의 우두머리로 다루어진 것은 말할 나위도 없이 손병희였다. 이해 3월 5, 6일 무렵 서대문 감옥으로 이감된 손병희는 고문을 받지는 않았으나 독방에서 처음에는 사식 차입이 금지되어 노구인데도 보리밥과 콩밥으로 연명했다. 내란죄로 엮으려는 검사들의 집요한 신문에 손병희 이하 여러 피의자들은 "한결 같이 마지막 한 사람까지 마지막 순간까지 민족정기를 발표하라는 뜻일 뿐 결코 배타적 폭력행위를 종용한 것은 아니라고 부인했다" (『의암 손병희선생 전기』)고 한다.

손병희는 이해 11월에 들어 뇌출혈을 일으켜 반신불수가 되었고 몸을 움직이지 못해 예심의 공판정에도 나올 수 없었다. 사건 발발 1년 4개월 만인 1920년 7월에야 첫 공판을 열었고 이해 10월에 들어서야 확정 판결을 받았다. 이들은 허헌 등 변호인들의 끈질긴 변론 끝에 보안법 위반혐의로 판결을 받아 징역형에 처해졌을 뿐 내란죄의 적용을 받아 사형이나 종신형을 받지는 않았다. 이는 열화와 같은 조선 민중의 기를 유화책으로 꺾으려는 공작이기도 했다.

손병희와 최린, 오세창, 이종일, 이승훈, 한용운은 최고형인 징역 3년을 언도 받았다. 그 아래 형량이 각기 달랐고 박인호, 송진우 등 10명은 무죄 언도를 받았다.

## 종교 지도자에서 애국 지도자로

감옥에 갈 때 손병희의 나이는 59세였다. 그는 평소에도 위장병이 있어 약을 복용했다. 그는 1919년 11월에 뇌출혈로 반신불수가 되었다. 병은 간혈적으로 차도가 반복되었는데도 일제 당국은 끝내 병보석을 허가하지 않고 사식 차입만을 허락했다. 이때 주산월은 형무소 주변에 방을 얻어 사식을 차입하는 등 손병희의 옥바라지를 지성으로 하여 많은 칭송을 받았다. 그런 탓으로 주산월을 비난하던 인사들도 그녀의 정성을 보고 비난의 말을 삼갔다.

손병희는 경성 복심법원에서 3년의 언도를 받아 확정 판결이 있은 뒤 병세가 더욱 중태에 빠져 의식을 잃었다. 그러자 법원에서는 마지못해 집행정지 결정을 내려 출감하게 되었다. 손병희는 끝내 병을 회복하지 못하고 1922년 5월 19일 마침내 가족 교인들이 지켜보는 가운데 운명했다. 그의 장례는 교회장으로 결정하고 장지는 우이동으로 정했다. 일제는 만일의 사태에 대비해 빈소가 있는 경운동 교당을 철저하게 감시했다.

이해 6월 5일 치러진 장례에는 10대의 자동차, 2백 대에 가까운 인력거가 영구를 따랐고 5천여 명의 교도와 수천 명의 조문객이 우이동으로 가는 길 30여 리에 뻗혔다. 성대한 장례식이었고 수많은 사람들이 애도를 표했다. 한 민족사의 거인은 이렇게 마지막 길을 장식했다.

손병희는 그의 행적에 대한 여러 폄도 불구하고 그는 초기 우리의 민족운동에서 어느 누구보다도 영도적 위치에 있었으며, 방법에 있어서도 때로는 폭력노선, 때로는 개혁노선, 때로는 비폭력노선를 적절히 구사했다. 손병희는 일개 종교 지도자가 아니라 우리 근대사에 나타난 애국 지도자의 전형이라 할 수 있다.

## 찾아보기